# 小さな車で、
# ゆるり豊かなひとり旅

A Relaxed, Enriching Solo Journey in a Cozy Car

野外のもりこ

KADOKAWA

私の小さなひとり旅に、
特別なことは
なにもいらない。

季節や天気を感じながら
ただやりたいように
過ごすだけ。

# はじめに

以前の私は、休みの日はいつも家でゴロゴロしていた。そんな自分の習慣が少しでも変われば……などと高尚なことを考えたわけではない。

ある休日にふと思い立って、通勤用の小さな車に乗って、コンビニでコーヒーとチョコレートを買って、近くの海までひとりドライブをして、車の中で本を読んでみた。すると、たった二五〇円しか払っていないのに、まるで海外旅行に来ているような高揚感に包まれたのだ。

しばらく経って、今度は車で近所のオートキャンプ場（自動車で乗り入れられるキャンプ場）に出かけてみた。小さな椅子と机を出して、家から持ってきたカップラーメンを食べて、本を読んで、最後にコーヒーを淹れて……キャンプ場に着いたときは爽やかな青い色だった空がだんだんピンク色になっていくのを、コーヒーを味わいながら静かに眺めた。

**特別なことや派手なことはなにもなかったが、ひとりきり、自分のやりたいことだけをして過ごした数時間はとても豊かで、極上の休みの日の過ごし方を見つけたと思った。**「明日の仕事も頑張ろう」と前向きな気持ちになった。

幼少期に親とよくキャンプをした影響で、社会人になってからは友人とキャンプをするようになった。しかし事前に予定を立てるのが苦手な私にとって、友人と予定を合わせたり、準備に時間や労力を費やしたりするキャンプは、実行までのハードルが少々高いレジャーだった。

**しかしひとりなら、小さな車でゆるりとどこかに出かけるだけなら、もっと簡単じゃないか。事前の予定調整もいらない。大がかりな準備もいらない。連休もいらない。思い立つやいなや、気軽に、自由に、旅を始められる。**

ところで私は、映像を創ったりバンドで音楽活動をしたりしていて、映画を観たり音楽を聴いたりと、家でのんびり過ごす休日も大好きだ。

でも映画の登場人物の真似をして外に飛び出してみたら、今まで知らなかった世界がもっと見えてきた。ミュージックビデオに出てくる女優さんみたいに美しい景色に染まってみたら、すごく気持ち良かった。**今まで何気なく観て、聴いていた作品の中には、素敵なひとりの時間を過ごすヒント、非日常を手軽に楽しめるヒントがたくさん隠れていることに気がついた。**

ひとりでゆるりと出かけることを覚え、日帰り旅だけでなく車中泊も回数を重ねるようになって、すると映画も音楽もますます好きになった。

温厚で、緑が美しい春。
ちょっと過酷だけど憎めない夏。

賑やかで健康で美味しい秋。
澄んだ空気が心地良い冬。

季節の流れに身を委ねて、私が体験してきた「ゆるり豊かなひとり旅」のエピソードをいくつかお話しします。

車に乗る人も乗らない人も、旅やキャンプがすでに好きな人もそこまでそでない人も……。この本が誰かにとって、より素敵な休息を過ごすためのきっかけになれば、とても嬉しいです。

野外のもりこ

# 春の旅

すべて、この本の記述に関連した写真です。読み進めながら伏線回収していただけると嬉しいです。（もりこ）

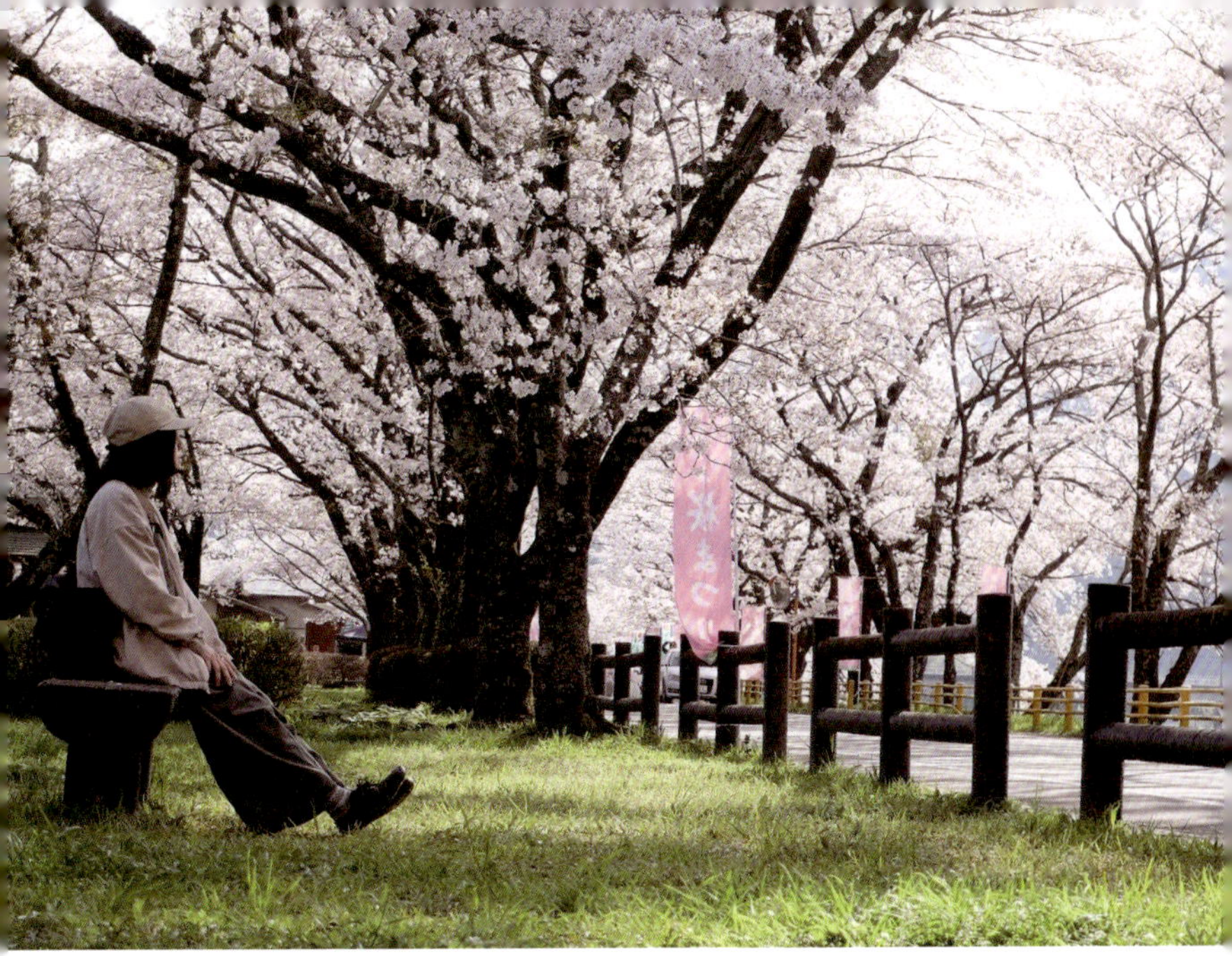

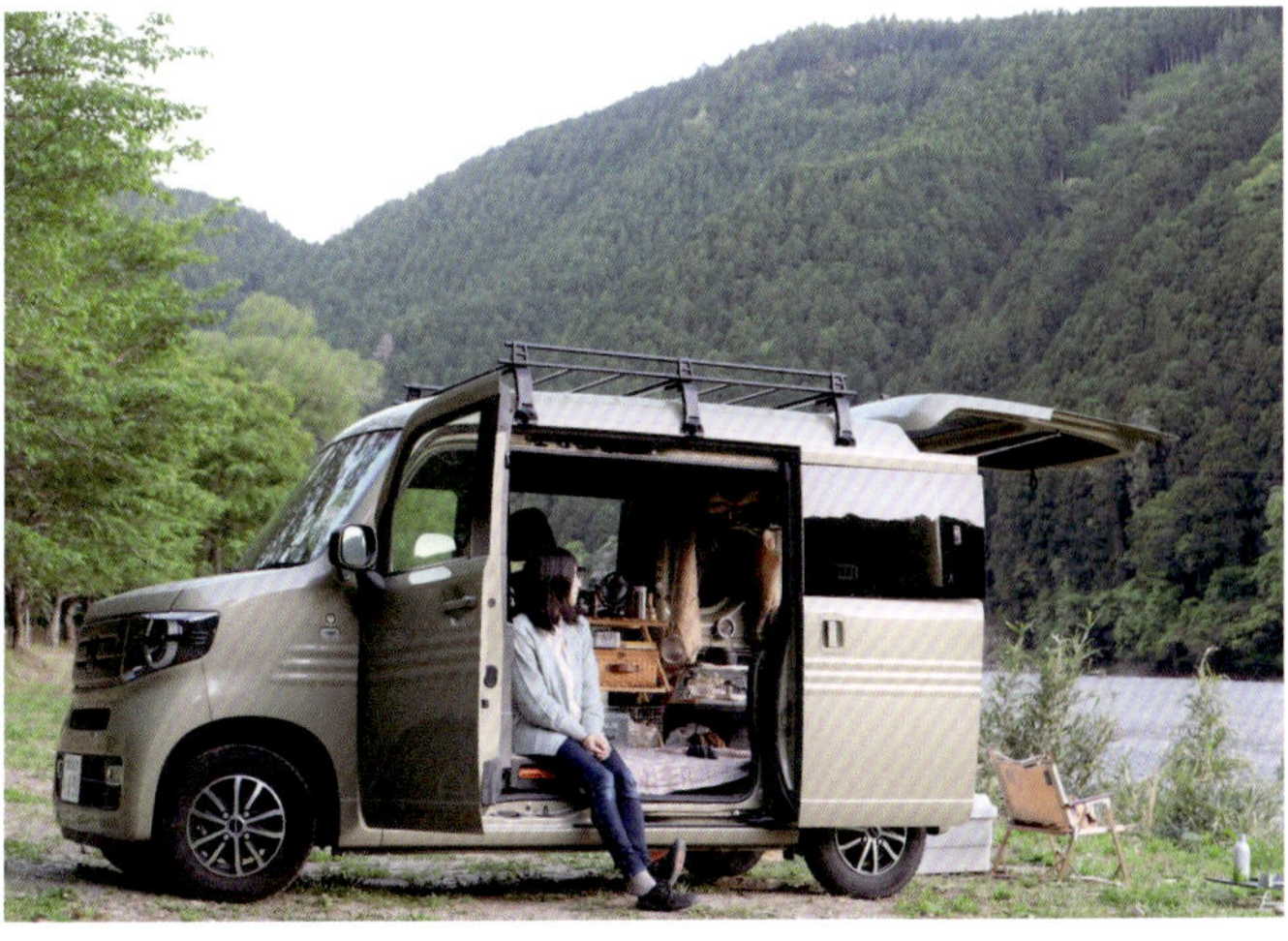

# 夏の旅

12

# 秋の旅

# 冬の旅

S'more

# 目次

## 夏



## 秋

## 冬

| | |
|---|---|
| 装丁 | 菊池祐（ライラック） |
| 本文デザイン・DTP | PETRICO |
| 校正 | 東京出版サービスセンター |
| 写真・イラスト | 野外のもりこ |
| 編集 | 伊藤頌子（KADOKAWA） |

# 春

温厚で、
緑が美しい

# 片道五〇分

これは私が「ゆるり豊かなひとり旅」の魅力に気づいた、ある春の日の話。

当時の私は介護職に就いていた。シフト制で、週休二日制ではあるものの、二連休は月一回あるかないか。それに休みの日が確定するのは、次の月に入る一週間前。それより早くに休日を決めることも、遅くに決めることも難しい。

そんな状況では、宿泊旅を計画するのも、友人と休みを合わせるのも、至難の業だった。以前の私は、特に予定のないひとりきりの休みの日をうまく楽しむことができずにいた。休日を無駄にしてしまうと、翌日からの仕事も億劫になるものだ。

四月のとある火曜日。私にとってはよくある、特に予定のない平日休みの日。溜まった洗濯物を干しながら、スマートスピーカーから流れるラジオに耳を傾けていた。

外は晴れ。風もない。窓から見える空は爽やかな青で、薄い雲がふわふわと泳いでいる。そういえば、幼少期に家族でキャンプしていたときも、こんな空だったな……。

「外に出なければ」。私のお出かけスイッチが入った。

なにげなくグーグルマップで「オートキャンプ場」と検索してみると、片道五〇分の場所に、日帰りキャンプができるキャンプ場を見つけた。

キャンプ場は川と山に囲まれている。このくらいの距離なら、気分転換のドライブにもちょうど良い気がする。遠すぎず、近すぎず、行きも帰りも気持ち良くドライブできそうな絶妙な距離感だ。

時計を見ると、十一時。今から準備して、お昼をキャンプ場で食べよう。

小さい頃は、父の運転で家族キャンプによく行った。大人になってからは友人と何度もキャンプをしている。しかし「ひとりでふと出かける」キャンプは初めてだ。なにを持っていこう。

とりあえずカップヌードル、コーヒーを淹れる道具、バーナーだけ載せて、私の小さな愛車、「エヌバン」に乗った。


私ひとりだけの、小さな旅の始まりだ。


車には仕事で毎日乗っている。BGMはいつでも、地元ラジオ局のK-MIX。今日も、今の気分に馴染む音楽が流れ、お昼の時間帯を担当するパーソナリティさんは元気が良い。ノリノリでカーステレオから流れる音楽を口ずさんでいると、ひとりということを忘れてしまう。

踏切を越えたところで、見慣れた建物が並んだ生活感のある風景から、一気に景色が切り替わった。鮮やかな木々の緑、透きとおった川、優しい水色の空が、運転している私の目に一気に飛び込んできて、思わず「うわぁ、綺麗……！」と声が出ていた。

塗りたてのペンキがまぶしい赤い橋、少し錆びついた黄色の橋、いくつかの橋を渡り、家を出てから約五〇分。あっという間にキャンプ場に到着した。


キャンプ場には私ひとり。受付に行っても管理人さんの姿はない。手作り感溢れる木造の小屋にある机の上には、文鎮で押さえられた受付用紙とボールペン、茶封筒が置いてある。

必要事項を記入して、料金と一緒に封筒に入れ、鍵つきのポストに投函した。これで受付完了のようだ。

後から調べたところ、土日以外は無人で受付をしているということだった。無人の受付は、とても気の利いたシステムだと思う。私は突然の思いつきで動きがちなので、あらかじめ約束していた到着日時どおりにキャンプ場に行ける自信はない。でも、受付の人を待たせてしまうのは申し訳ない。受付が無人なら、決めていた時間に到着できなくても、罪悪感はそこまで大きくない。

車に戻り、ひとまず見晴らしの良さそうなサイトに車を動かしてみた。ちょうど十二時。早くもお腹ぺこぺこな私は、一刻も早くカップヌードルを食べたくて、この場所で過ごすことを即決した。

車のバックドアもサイドドアも開け放ち、ラゲッジスペースに腰掛けてみる。すぐ下を流れる川のせせらぎが耳に心地良い。奥行きのある山々と空と雲が「こんにちは、待ってましたよ」と丁寧に挨拶をしてくれているように見えた。

なんだか私という存在を受け入れてくれているようで、心がじんわりと温かくなる。ここでは誰に気を遣うでもなく、すべて自分のペースで過ごせそうだ。こんな場所を、私は探していたんだ。

しばらく景色に見惚れていたが、お腹が空いていることを思い出し、家にあった小さなボトルを片手に炊事場へ水を汲みに行く。

水を汲むのは、家ではなんてことない日常の作業。でもここでは

「草むらを歩いて、木陰を抜けて炊事場まで行き、水を汲む」ことになる。非日常へのアプローチに感じられて、いい。旅にはだいぶ慣れた今も、キャンプ場で水を汲みに行くのが私は大好きだ。

しかも外にいながら飲み水を確保できるなんて、よくよく考えればありがたいことではないか。

車に戻り、コンパクトバーナーを組み立て、火を点ける。小さなケトルに、カップヌードル一杯分くらいの水を注ぎ、そっとバーナーの上に置く。お湯は二分ほどで沸いた。カレーヌードルにお湯を注ぎ、蓋をしっかりと閉め、待つこと三分。待ちに待ったランチタイムがやってきた。
「いただきます」。プラスチックのフォークを使い、ズルズルと勢いよくカレーヌードルを胃袋へ流し込んだ。間違いなく私は今、世

界一美味しいカレーヌードルを食べている。

二時間前までは家で洗濯物を干していたのに、ほんの少し遠出して、いつも食べているものを口にするだけで、こんなに幸福感を得られるなんて、衝撃的だった。

あっという間に、豊かなランチタイムは終了した。再び、なにもせずぼーっとする時間が訪れる。
持ってきた文庫本を読んでみた。日常から切り離した環境での読書は、まるで映画館で映画を鑑賞しているような、自分が本の中の登場人物になっているような感覚になった。普段あまり本を読まない私でも、この環境でならまた読書をしたいと思った。
空の色がだんだんピンク色に変わり、空気も冷たくなってきた。陽が落ちる前にコーヒーを淹れてから帰ることにしよう。

小さな車一台で、キャンプができた。撤収、片づけ、といった堅苦しく面倒なことを一切考えなくて良いなんて。帰りのドライブが楽しみで仕方なかった。

「明日の仕事も頑張ろう」。休みの日の新しい使い方を見つけた歓びで、いつの間にか、仕事のことまで前向きに考えられるようになっていた。

平日のキャンプ場には結局、私以外のお客さんが来ることはなかった。素晴らしい環境を約五時間も独り占めしてしまった。次は泊まりに来て、管理人さんにご挨拶もして、感謝を伝えたい。

帰り道の五〇分間、私はラジオとともにアイドルの歌を熱唱しながら、元気いっぱいで車を運転し、無事に帰宅した。

突然のお出かけスイッチで始まったひとり旅は、気軽で、自由で、実に豊かだった。

# 桜旅

桜ほど繊細で儚《はかな》い花が、他にあるだろうか。地域によって満開になる時期が違うし、やっと満開になったかと思えば、雨が降ったり風が強かったりすると、あっという間に散り始める。でもそんな気まぐれで恥ずかしがり屋さんのところが可愛らしくて、ついつい推したくなり、会いに行きたくなってしまう。

私は生まれてから今までずっと、静岡県で暮らしている。とにかく静岡との縁を切りたくなく、大学も就職先も迷わず静岡を選択してきた。そんな生粋の静岡人である私が、静岡でいちばん好きな場所はどこかと聞かれたら、迷わず「川根《かわね》」と答える。

川根は、静岡県の中央に位置する、山と茶畑に囲まれた自然豊かな土地。大井川鐵道の線路が走り、ＳＬ列車をはじめ様々なレトロな電車が見られることで有名だ。ＳＬと雄大な景色を眺められる温泉があり、川根茶も美味しい。他にも、山奥に進めば進むほど深くなっていく自然や、ダム湖の美しさも見どころで、出会う人々は優しさを全身に纏っている。

そんな大好きな川根なのだが、桜が咲いている時期にはまだ訪れたことがなかった。

三月上旬、草木が色づき始め、暖かい日が増えてきた頃、いつもと同じようにSNSをなにげなく見ていると「かわね桜まつり」に関する投稿がふと目に入った。毎年気になっていたイベントではあるものの、桜と私の予定を合わせるのは難しく、一度も参加したことがなかった。しかし今年は、たとえ桜が満開でなくても、桜が咲いている川根を訪れてみたい気持ちが強かった。

私は「着飾った川根」をあまり知らない。自然が豊かでほのぼのと落ち着く空気感が漂っている川根が好きで、それを求めていつも川根へと向かっていた。そんな奥ゆかしい川根で桜まつりなんて、いったいどんな雰囲気なのだろう？　実に興味深かった。

迎えた三月下旬、ＳＮＳでは「現在、川根の桜が満開です」とお知らせが出ていた。次の日は仕事が休みで、天気予報は晴れ。特に予定も入れていなかった。私は早めのお風呂を済ませ、最低限の車中泊の準備をして、部屋着のまま川根へと旅に出た。道中のスーパーで、お花見っぽい食事をテーマにいくつか食材を購入し、道の駅で仮眠を取る。

翌朝、目が覚めて車から降りると、いつもは地域の人でいっぱいになっている無料の足湯にはまだ誰もいなかった。人気スポットを独り占めできる機会なんて滅多にない。ちょうどお気に入りのお茶染めの手ぬぐいを首に巻いていた私は、迷わずそちらに向かった。

誰も見ていないのを良いことに、靴も靴下もジブリ作品に出てくる少女たちのようにオーバーアクションで脱ぎ、足をお湯の中に入れた。

「ふぁあ〜、気持ちいい〜」。ため息と独り言は、誰もいない温泉あるあるだ。この後桜が見られる歓びと、思わぬ形で朝風呂に入ることができた歓び。今、世界でいちばん幸せなのはこの私なのではないかと、青空に浮かぶ雲を見つめながらふわふわと考えていた。

約二メートル四方の足湯の中央に細長い木枠が立っていて、そこから温泉がチョロチョロと溢れる音が心地良い。その音に合わせるように足をお湯の中でパタパタ動かした。十分ほどそうしていただろうか。私は手ぬぐいで足を拭き、靴下と靴を履いて車に戻った。


まず向かったのは、家山の桜トンネル。この祭りのメインストリートだ。午前八時頃に到着すると、どうやら私がいちばん乗りのようでスタッフの姿すら見当たらない。ハンドルを前のめりになって握りながら、ゆっくり慎重に進んでいく。薄ピンク色の満開の桜の木が、どこまでも続いていた。

「春だ〜」と、また独り言を呟き

ながら、桜の下をくぐり抜けていった。

駐車場に到着し、車を停めた。数百台は停められそうな広大な駐車場に、ポツンと一台。

カメラと水筒を持ち、先ほどの桜トンネルを改めて散歩する。桜まつりというくらいだから、さぞ賑やかにたこ焼きやりんご飴などの屋台が並んでいる景色だろうと想像していた。しかし朝だったためか、たまにランニングしている人とすれ違う程度で、豪華絢爛な桜トンネルを独占している状態だった。

ベンチに座り、真上を見上げてみた。強い風が吹くたびにヒラヒラと花びらが落ちてくる。私はケツメイシの『さくら』のミュージックビデオの鈴木えみになりきって、得意げに微笑んだ。


たっぷりと散歩した後、車を見晴らしの良い公園に移動させ、バックドアを開けて朝ごはんを作り始める。市販のカレーパンの上の部分を丸くくり抜き、そこに卵を割り入れ、チーズをのせる。ホットサンドメーカーで両面焼けば、卵チーズカレーパンのできあがり。

コーヒーも淹れて、スペシャルお花見モーニングが完成した。「うまぁ〜」。朝からたくさん歩いて、お腹ぺこぺこだった私にはこれ以上ない、最高の朝ごはんだった。

遠くの桜を見つめていると、汽笛の音が聴こえてきた。どうやらSLが目の前の橋を渡るようだ。しばらくして、ものすごい勢いでバックしながら、トーマス号が橋を渡って行った。煙突からはモクモクと煙が上がっている。思わぬ遭遇に、私の胸は高鳴っていた。すぐ目の前に見える、人を乗せて働いているSL。とても格好良かった。

春の訪れを感じつつ、本を読んだり絵を描いたり。お昼にはタコライスを作って、おやつにおはぎを食べ、ひとりのお花見をたっぷりと満喫した。最後に、眠気防止のために帰りのドライブ用のコーヒーをゆっくりと淹れた。

暗くなる前に帰宅しようとしたのだが、地図アプリを起動すると、野守《のもり》の池というお花見スポットが近くにあるようだ。せっかくなので寄り道してみることにした。

野守の池はとても小さく、静かな池で、周りに数本だけ桜の木が並んでいた。薄暗い池に佇んでいる桜の木は色っぽく、さっきまで見ていた桜とは違ったオーラを纏っている。しばらく車内から池と桜を見つめていると、みるみるうちに陽が落ち、いつの間にか辺りは真っ暗になっていた。


ひとりきりのお花見は少し寂しさもあり、一日中ラジオを聴いていた。ラジオの生放送は、誰かと時間を共有しているみたい。

川根の桜は、周りの山や川や鐵道と仲が良く、みんな一緒に春を楽しんでいるようだった。幸せそうな桜を見ていると、こちらもじんわりと心の奥が温かくなる。

どんなに忙しくても、春の始まりに桜をゆっくり観賞する時間は、これからも大切にしたい。

# 緑の季節

小学生の頃の私は、おそらくクラスでいちばん緑茶が好きだった。セルフサービスのやかんの緑茶を、何杯もおかわりした。

春の訪れを知らせてくれる、淡いピンクの桜。桜があっという間に散りゆくのは寂しいが、この後、緑が徐々に深まっていくさまが私は好きだ。季節の移り変わりを視覚的に実感できる。葉桜から新緑、そして深緑へ。深緑の五月は、新茶の季節だ。

介護の仕事を辞めた後、田舎へ移住した私は、家の近くのお茶工場で五月の新茶の繁忙期だけお手伝いをしていた。お茶工場での仕事は、主に火入れしたお茶っ葉の計量と袋詰め。茶葉の良い香りの中で働けるのは幸せだったのだが、次々にやってくるお茶っ葉の山は終わりが見えず、気持ちが重くなることもあった。

その工場の新茶を持って、ひとり旅へ出かけた。繁忙期の束の間のお休み。私はお茶と春を満喫すべくお気に入りのキャンプ場へ向かう。

旅のテーマは「お茶」なので、お茶に合う食べ物を揃えて行くことにした。スーパーに寄ると、静岡のイチゴ「あきひめ」が安売りされている。あきひめは、石垣栽培で育てられる品種で、「石垣いちご」とも呼ばれている。甘み、酸味のバランスが絶妙で、私の大好物である。

しかし、イチゴがお茶に合うかと言われたら微妙だ。そこで、お菓子屋さんに寄って柏餅を購入。よし、これでバランスが取れた。

さすが新茶の季節。道中のお茶畑では、機械を使ってお茶摘みをしているお茶農家さんの姿があった。心の中で「おつかれさまです」と労いつつ、お茶の香りを楽しみながら車を運転した。

キャンプ場に到着するといつものおばちゃんが受付してくれた。

この近くに住んでいて、空き時間には農作業をしているそう。予約の電話を入れると、まるで親戚のおばさんの家に遊びに行くような親しみやすい雰囲気でお話ししてもらえるので、電話が苦手な私でも、気軽に電話できる。今日もニコニコと笑いながら対応してくれた。ゴミ袋と木札を受け取り、入場する。

いつもの場所に車を停め、車を降り、少し離れたところから車を眺める。ガーデングリーンのエヌバンが、新緑の美しい大きな木の下で一人ポツンとピクニックしているように見える。自然の緑色と馴染んでいて、いつにも増して可愛らしい。

新緑と車のコラボレーションの写真を、三〇分くらいかけて色々な角度から撮影した。やっと満足すると車内に戻り、いよいよ新茶を淹れ始める。

車内に設置したテーブルの上で、お気に入りのターコイズ色のホーローポットを使ってお湯を沸かす。シェラカップにお湯を移して少し冷ましている間に、百円ショップで購入したプラスチックの透明なコップに茶漉しをセット。お茶缶から茶漉しへ、少しずつ茶葉を出し、冷ましたお湯を注いでいく。新茶の色は、種類によって様々なのだが、この日は濃い黄緑色のお茶ができあがった。私は特に、苦味のあるお茶が好きだ。なぜなら、あんこと相性が良いから。

早速、柏餅とあきひめをシェラカップに隣同士で並べて置いてみる。これはもう、苺大福といっても良いのではないだろうか。

真っ赤なイチゴ、あんこたっぷりの柏餅、そして黄緑色の新茶。着色料は一切使っていない。自然の色なのに、こんなにも鮮やかで目に優しいのが不思議で仕方ない。静かに過ごせるお茶カフェにもよく行くのだが、こうやって外で、風の音や葉っぱが揺れる音を聴きながらセルフお茶会をすると、新緑の中に緑茶が溶け込んでいて美しさが増して見える。今年も美味しい新茶が飲めること、お茶にこだわりの強い静岡県に生ま

れたことに感謝しながら、正座で、無言でお茶とお菓子を少しずつ味わった。

夕飯は、道の駅で売っていたミートソースのソフト麺。小学生の頃給食に出ていたものとまったく同じものである。給食を外で食べる機会なんて滅多にないのではないかと、いつの間にか手に取っていた。たまには調理しない車中めしも良いだろう。

あまりにも懐かしい、素朴な味に悶絶。子どもの頃は正直あまり好きではなかったこのソフト麺に、こんなにも郷愁を感じるようになるなんて、考えもしなかった。小さな子どもでも食べやすいように、柔らかい麺だったんだなと、今更ながら優しい配慮に気がつく。もっと硬い麺が食べたいなんて思っていたあの頃の私が少し恥ずかしくなった。

遅くなったけど、給食のおばちゃん、ありがとうございました。

この日の夜は天気も落ち着いていて、ぐっすりと眠れた。

翌朝、窓の外を見てびっくり。鮮やかな緑色の葉っぱたちが、朝露に濡れてより輝きを増していた。空は水色で、うっすらと雲が浮かんでいる。新鮮な空気を吸いながら、いつもの朝散歩を始めた。

このキャンプ場には、季節によって違った花が咲く。この日は遅咲きの桜、八重桜や、ツツジ科の一種であるサツキと出合えた。

年齢を重ねるにつれ、ふと目に入る植物に対し「偶然出合ったこの子たちのことをよく知っておきたい。せめて名前だけでも」という気持ちが沸々と湧いてくるようになった。最近はスマートフォンで写真を撮るだけで花の名前や特徴を調べることができる。でもすぐに忘れてしまうので、そろそろ図鑑を買わないと。

少し歩くと、ブランコや滑り台、鉄棒といった、よく公園で見かける遊具が目に入った。平日の朝、もちろん誰も遊んでいない。周りに見て

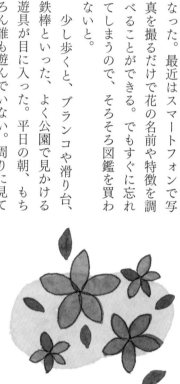

いる人がいないことを念入りに確認して、私はブランコに乗って、ゆらゆら揺れながら目の前のお茶畑をしばらく眺めた後、空を見上げた。もっと勢いよく揺らそうと試みたが、思ったより怖い。というか難しい。昔はできていたのになぁ。

そんなことをしていたら、近くにあるトイレに人がやってきたので、私は何事もなかったかのように真顔でブランコから降り、そそくさと自分の場所へ戻った。

朝ごはんは余ったイチゴを使ってフレンチトーストを作った。我ながら優雅な朝食で気分も晴れやかになる。

片づけを済ませると、あまりにも穏やかでポカポカな気候に、すぐここから離れるのが勿体なく感じたので、読みかけの本を読んでからお風呂に向かうことにした。

摘みたての新茶も美味しいのだが、時間が経つにつれ新茶の味も変化していく。誰からも愛される、日常に馴染める、そんなお茶みたいな、緑の似合うおばあちゃんになりたい。

## ♨ ととのう

静岡県にある「サウナしきじ」は、全国のサウナ好きたちから「聖地」と呼ばれている。存在だけはずっと知っていた。しかしサウナをよく知らなかった以前の私は、「サウナは年配の男性が訪れるところ」と勝手に決めつけ、サウナと自分の間に高い壁を作っていた。

数年前に、全国各地のサウナを舞台にしたとあるドラマが放映され、話題になっていた。その聖地もドラマに出ているという情報が、最近になって耳に入った。「一応地元だし」という地元愛と、怖いもの見たさで、私もそのドラマを動画配信サイトで観た。

すると、今まで私が抱いていたサウナのイメージを一八〇度ひっくり返す、幻想的で浮遊感のあるオープニング。コーネリアスの楽曲が神秘的なサウナの映像とシンクロしていて、一気に引き込まれた。ドラマ本編の映像もとても美しく、主人公の男性がこの特別な空間で過ごす時間を心から大切にしているのが伝わってきた。それまであった高い壁は一気に崩れ落ちた。

新緑が美しい春の旅を満喫した帰り道、いつものようにお気に入りの温泉施設へと足を運ぶ。身体を洗いお風呂に入ると、「サウナ」と書かれた扉が目に入った。サウナがあることはもちろん知っていたのだが、今までは高い壁があったため、一度も足を踏み入れたことがなかった。

壁はもうなくなっている。このサウナに入ることができたら、次はあの聖地に挑戦できるかもしれない。勇気を振り絞ってサウナ室に足を踏み入れた。

運良くこの日のサウナ室は貸切状態だった。なにか起きても恥ずかしくない。デビューには最高の環境だ。お風呂から上がり、持参したタオルで身体を拭いて、恐る恐るサウナ室の扉を開けた。予想どおり、ムワッとした空気が私めがけて襲い掛かってきた。思わず目を瞑り、顔をしかめる。数年前の私だったらここですぐに引き返していただろう。しかし目指すは聖地。勢いそのままに入室し、とりあえず奥の隅に腰掛けた。

「あっつい！」と当たり前の感想を呟きながら、壁にある時計を見た。長針の動くスピードが速いところを見ると、これは針が一周したら一分なのだ（と理解するまでに数分を要した）。入室から何分経ったのかわからない。全身から汗が噴き出てくる。私の感覚では八分ほどのところで、急いでサウナ室から出て、掛け湯で汗を流し、ほっとひと息。

次は水風呂だ。水風呂なんて入ったことがない。自分はプールも嫌いだったことを思い出し、正直、入りたくなくなる。なぜ嫌なことをしようとしているのか。引き返そうか。でもサウナの魅力を理解したい。よし、入ろう。

水風呂のふちに置いてある桶で水をすくい、足元にかける。ものすごく冷たい。肩にかける。無理！　冷たすぎる！　でも入るんだ！　私は、無心で水風呂に全身を預けた。

あまりの冷たさに、動けなくなる。ひたすらじっとしていると、今度は身体中を羽衣が包み込んでいくような感覚になって、なんとじんわりポカポカしてきた。あんなに入りたくなかった水風呂に、このままずっと入っていたいと思うほどだ。しかし、私が観たドラマでは水風呂に入る時間は一分と言っていた。一、二、三……と頭の中で数え、六〇秒経ったと同時に水風呂から上がった。

身体についた水滴をまた丁寧に拭き取って、屋外の休憩所に続く扉を開ける。外の空気と触れた瞬間、そよ風が当たり、全身にパワーが漲ってくるのを感じた。休憩用の椅子に腰掛けて空を見つめると、ドクッドクッと心拍数が上がり、力が抜け、ふわふわと宙に浮いているような錯覚に陥る。

ああ、これが「ととのう」か。まるでサウナドラマの主演女優になったような達成感。十分ほどそのままじっと休憩した私は、同じことをもう一度繰り返した。

最後に再び身体を洗って、お風呂を上がる。サービスのアイスキャンデーを食べながらリクライニングチェアでくつろいでいると、入浴前よりも身体が軽くなっていることに気がついた。

もっと早くにサウナに入るべきだった。なぜ今まで壁など作っていたのか。勿体ないことをしていたと反省し、ますます聖地が気になってきた。

これをきっかけに、旅先でお風呂に入るときはサウナのある温泉施設を優先的に選ぶようになった。色々な温泉を経験して、水風呂の重要性もわかってきた。水風呂の質や温度によって、「ととのい」の質は大きく変わるのだ。

「よし、そろそろ聖地だ」と自分に許可を出すまでに少し時間がかかったが、とあるキャンプ帰り、私はついに聖地へと足を踏み入れた。この日まで、サウナしきじについて入念に調べ、脳内で何度もイメージトレーニングをしていた。

聖地は、他のサウナとはまるでオーラが違った。

ここでは男性と女性で、サウナばかりか食事処までエリアが完全に分かれている。入店してしまえば、一切異性と会うタイミングがない。そして、静かである。みんな、まさにととのうことだけを目的に来ているのだ。本物のサウナ好きが来ているという事実がひしひしと伝わってくる。

今まで感じたことのない空気感にかなり緊張しながら、私も、あたかも「何度も来てますよ〜」といった風の顔を作り、まずはお風呂へ。そして、サウナ用のタオルを手に取って、薬草サウナに入室した。入室した途端、独特の香りと湿度に圧倒された。比較的低温のはずなのに、あっという間に大量の汗が噴き出し、体内の水分が、身体の中心から徐々に沸騰していくみたいだ。ここは火山の中か？と恐ろしさすら覚える。

もう無理！　と思ったと同時に薬草サウナから出て、汗を流し、ついに水風呂へ入水。ここの水風呂は、地下天然の湧水をそのまま使っていて、市販の水の二倍から三倍のミネラルが含まれているそうだ。そんな最強の水の中に身体を委ねられるなんて。とにかく水が柔らかく、苦しさなんて微塵も感じない水風呂だった。予想以上の心地良さに、私は目を閉じて眉間に皺を寄せながら天を仰いでいた。

休憩所はただのベンチだった。ただのベンチなのに、みんなが「ととのう」ことに集中している雰囲気がなんとも居心地が良い。みんなひとりなのに、同じことで幸せを感じる仲間が何人もいた。

この素晴らしい時間を仲間と共有する歓びを噛み締めた。

聖地が聖地と呼ばれる意味がわかった。まさか、こんなに期待を超えてくるとは。

ここに辿り着くまでに、色々なサウナを経験してきた甲斐があった。私は達成感に満ち溢れていた。

# 徳島へ一〇〇〇キロ

静岡県民の私にとって、「四国」というとまるで別の国のような、なんだかものすごく遠い場所のように感じてしまう。

学生時代、香川県出身の友人が数名いた。みんなとても朗らかで、常にニコニコしていて、慌てている姿を見たことがない。「きっと時間の流れがゆっくりで、自然豊かな場所なのだろうな」と、そんな印象だった。

ある日、私が学生時代からリスペクトしているアーティストが、出身地である徳島でトークイベントを開催するという情報が流れてきた。その方が出版した本には、徳島での日常について、それはそれは幸せそうに描かれていた。

徳島県がどのような場所で、どのような人たちがどんな風に暮らしているのか、実際にこの目で見たくて仕方がなくなってしまった。徳島のことを自分はなにも知らないのだ。

トークイベント当日からの1週間、なんと仕事が休みだった。こんなたまたまってあるだろうか。これは「徳島に行きなさい」というお告げに違いない。

しかしどうやって行くのだろう。試しに地図アプリで「徳島駅」までの経路を検索してみると、有料道路を使用して六時間らしい。なんだ。思っていたよりずっと近い。以前、岐阜県に行ったときとほとんど変わらない。

四月は温かく、車旅をするにはちょうど良い季節。このタイミングを逃したら、他に四国へ行く機会なんて滅多になさそうだ。私は徳島までの旅を決めた。

私の旅はいつだって突然始まる。旅することを決めた日から当日までのわくわくどきどきは、仕事や家事を頑張るためのエネルギーになる。

　旅は基本的に、泊まる場所だけざっくり決めて、あとは自由行動だ。好きなように、そのとき行きたいと思った場所にふらりと行く。すると思いがけない出合いがあったりする。下調べしなくても、時間の決まっていない車旅であれば、割となんとかなるものだ。


　いよいよ出発当日の夜。仕事が終わり、そのまま高速道路を時速八〇キロでゆっくり走っていく。軽自動車に無理させたくないのと、燃費良く走って、ガソリン代を少しでも浮かせたいのだ。

　この夜は、愛知県のサービスエリアで車中泊することに決めていた。ここは大型トラックの出入りが激しいので、私はいつも無印良品の耳栓をして眠っている。アイマスクも必須だ。そうすると、自分がサービスエリアで泊まっていることが信じられないくらい、ぐっすり眠ることができる。バスや飛行機で長旅する際にはぜひお勧めしたい。

二日目の朝、コンビニでコーヒーとパンを購入。軽く朝ごはんを済ませてからすぐに徳島へ向かった。スマホのナビを頼りに、徳島県出身のバンド、チャットモンチーのアルバムをデビュー作から順番に聴きながら、ひたすらまっすぐ高速道路を走っていく。車内で熱唱していると、あっという間に大阪を抜け、明石海峡大橋に辿り着いた。淡路島へと続く全長三九一一メートルのこの橋は、世界で二番目に長い吊り橋らしい。テレビで見たことはあったのだが、実際に渡ってみるとその長さに圧倒される。どこまで進

んでも海しか見えない。果たして終わりがあるのだろうか。こんなに大きな橋を人間が造ったなんて、とても信じられなかった。その技術力と雄大な景色に感動しながら橋を渡りきり、私は目的地である徳島市に到着した。現地で迷子になるのが怖かったので、車を停める駐車場も事前に決めておいた。

私は今、四国にいる。こんなに簡単に行ける場所だったんだ。

トークイベントでは、憧れの人のお話を堪能した。隣には、私と同じくひとりで来場していた女性が座っていた。私から話しかけ、おすすめの場所を聞いてみる。旅先だとなぜだか積極的になれる自分に、いつも驚かされている。

短い時間でその土地のことを知るには、やはり現地の人と話すに限る。彼女は、徳島ラーメンが美味しいと言っていた。この旅のどこかで徳島ラーメンを食べることは確定した。

イベント終了後は、徳島駅の近くで開催されている「はな・はる・

フェスタ」という地元のお祭りに行くことにした。思っていた以上に大勢の人で賑わっていたが、あちこちから聞こえるほんわかとした徳島弁の会話に、なんだか癒された。みんな幸せそうだ。

お祭りでは、様々な連（踊りの団体）による阿波おどりを見た。まるで音楽フェスのようだ。それぞれの連によって、衣装も振り付けも楽器も違う。どの連にも特徴があって、たいへんな見応えだ。徳島の人たちが阿波おどりにかける情熱が、ほんの三〇分だけでもしっかり伝わってきた。

伝統を大事にすること、若い世代に受け継がれていくことって、なんて素敵なのだろう。これからもずっとずっと続いていくだろうし、終わることはないのだろうな。このような伝統が地域に根づいていることが羨ましく感じた。

昼食にお祭りの出店のケバブを完食し、温泉へと向かった。お風呂に浸かりながら、ここまでの一日を振り返って泣きそうになる。徳島の街全体から溢れ出る優しさに、私はしみじみと幸せを噛み締めていた。

三日目の朝、ふと「朝マックを食べたい」と思った。ナビアプリで検索すると、近くにマクドナルドがある。迷わず私はここに向かった。いつものソーセージマフィンセットを注文し、飲み物もいつものアイスキャラメルラテ。朝からハイカロリーだ。でも旅先では、好きなだけ食べたいものを食べて良しとしている。

普段頑張って働いているのだから、旅の最中くらいは自分を甘やかしてあげなければ。家に帰ったらダイエットをすれば良い。

朝ごはんを食べ終えて、あらかじめ予約していたキャンプ場へ向かう。植物園の中にあるキャンプ場で、こちらも多くの人がおすすめしてくれた場所だ。さすが植物園の中にあるキャンプ場なだけあって、人生で初めて目にするたくさんの植物と触れ合えた。中でも、五月に満開を迎えるという「ヒメシャガ」の葉っぱが緑の絨毯のように山一面に広がっている様子が印象に残っている。

季節によって咲く花が異なるらしい。次は、違う季節に訪れてみたい。

翌朝の天気はどんよりとしていた。徳島での最後の温泉の後、待ちに待った徳島ラーメンを食べに向かった。ラーメンは全国どこに行ってもあるものだ。そしてその土地の良さを最大限に表現してくれる。旅の締めにラーメンを残しておくなんて、我ながらセンスが良い。

向かった徳島ラーメン屋さんは食堂のような雰囲気で、品の良いおばさまが丁寧に提供してくれた。それにしても徳島県でお話しした方たちは、みんな言葉遣いが柔らかくて可愛らしい。

初めての徳島ラーメンは、つるんとした卵黄を中心に、その周りをもやし、ネギ、メンマ、豚バラ肉がぐるりと盛りつけられている。食べてしまうのが勿体なく感じるほど美しいビジュアルだ。スープは醤油ベースのこってりとした茶色。

四日間の旅を思い返しながら、じっくりと味わった。すき焼きのようなスープにご飯を合わせたくなり、私は生まれて初めて、追加のライスを注文した。次はいつ食べられるかわからないので、時間をかけて食べた。このラーメンを食べるためだけに、また徳島に来ても良い。

帰り道、鳴門海峡にうず潮を見に行った。潮と潮がぶつかり合っていて、なんとも不思議な光景。こんなに穏やかな土地なのに、海は仲が悪そうだった。


行きたいイベントに、思いがけず長い休みが重なって実現したこの旅。徳島に泊まったのは五泊六日のうちのたった三晩で、限られた時間だったが、幸せそうに暮らす人々と触れ合い、徳島県の良いところを心と身体全体で吸収することができた。

私ももっと、住んでいる土地の良さを全感覚で吸収しながら、自分らしい暮らしを満喫したい。

徳島で幸せそうに暮らす人々と触れ合うことで、生活している環境を愛することの大切さを、より深く考えるようになった。

# 動く

私の父親は大の乗り物好きで、私がまだ小さい頃からホンダのディーラー、ブルーインパルスの航空ショー、海上自衛隊の船の一般公開などによく連れて行ってくれた。

父はホンダの車が好きだった。そんな父親の存在は大きく「お父さんが好きなら、私も将来ホンダの車に乗る」と、幼いながらに決めていた。

乗る車種を決断するのは早かったものの、運転できるようになるまでは時間がかかった。学生時代に免許を取得してから約三年間はペーパードライバーだった。自動車学校で、路上で何度もエンストした記憶が脳裏に焼きついていて、ひとりで道路に出て車を運転するイメージなど、あの頃はまったく持てなかった。

大学卒業後、新卒で介護の仕事に就くことになる。勤務先は自宅近くを希望していたのに、自宅から車で五〇分ほどかかる施設への配属が確定してしまった。電車通勤という選択肢もなくはなかったが、電車では車の二倍近く時間がかかりそうだし、通勤ラッシュの電車に毎日乗るなんて、考えるだけでも頭が痛くなる。

また介護職には、日帰りのおじいちゃんおばあちゃんたちを車で自宅まで送り届ける、送迎の業務もあるようだ。

私はペーパードライバーを卒業する覚悟を決めた。

三月下旬、春らしくポカポカと暖かい穏やかな日が続くなか、初出社を控えた私は、父親に助手席に座ってもらって、伯母から譲り受けた車で、職場まで運転する練習をしていた。

初心者でいきなり片道二十五キロ五〇分の道のり、車の通りが多い大きな道路を走らなければならず、スピードを出すのが怖くて何度も心が折れそうになった。助手席の父親は教習所の教官のように「左、自転車きてるよ」「車線変更して」と熱心に指導してくれた。

季節が春から夏に移り変わろうかという頃には、車通勤も送迎業務も難なくこなせるようになっており、いつの間にか、一日の業務の中で送迎がいちばん好きになっていた。

この頃の私は、通勤時間を含めると一日約六時間は運転していた。毎日同じ道、同じ景色。車に乗っている間は、ラジオを聴いたり、おじいちゃんおばあちゃんたちと話したりしつつも、気持ちは運転に集中していた。それは私にとって、いい気分転換の時間だった。


毎日働いているうちにお金が少しずつ貯まり、いよいよ自分の車を購入しようかと考えるようになる。大好きなドライブの時間を、自分で選んだ車で過ごしてみたい。

最初の車はホンダの軽自動車「エヌワン」にした。走りはパワフルで安定感があり、デザインはどこか懐かしさを感じる。私はエヌワンを、「頼りがいのある可愛い友人」のように慕った。

エヌワンのおかげで車の運転がますます好きになった私は、休みの日にも車で出かけるようになり、友人たちと一緒でないと行けなかったキャンプがひとりでできるようになり、もっと遠くに行きたいと思うようになった。

「エヌバン」の発売が発表されたのは、ちょうどその頃。当時、キャンプの荷物を載せやすそうな軽バンの購入を検討していた私は、エヌバンのすべてを魅力に感じた。

箱のような四角いデザイン、広々とした車内、スムーズな走り、燃費の良さ。それまでの車にはなかったガーデングリーンという色も素敵だった。森の中に溶け込みそうな緑なのだ。「この車は私のために生まれたんだ!」と思ってしまうほど、運命的な出合いだった。

誰かに背中を押してもらいたかったので、父に同行をお願いし、試乗してみた。

いざ乗ってみると、この車を買ったら挑戦したいことがブワーッと湧いてきて、わくわくが止まらなかった。父もなんだか楽しそうだった。このとき、実は貯金があまりなかったのだが、「今この車を買わなかったら、自分のことを嫌いになりそう」と私は購入を決めた。

「エヌワンよりもさらに可愛くて格好良いエヌバンと、いろんなところに行きたい！」との思いから、行動範囲はますます広がった。

また、世界中の人にこの車を見せたいがために、自分のバンドの楽曲をBGMに使って、動画配信まで始めてしまった。すると、以前より多くの人たちがバンドの楽曲にも興味を示してくださるように。バンドの活動資金が集まるようになったおかげで、ライブや新譜の制作が今も続けられている。

好きなことをつなげていくと、知らない世界が見えてくる。こうやって本を書くことも、エヌバンと出合う前の私には考えられなかっただろう。

私は今、田舎暮らしをしている。最寄りのコンビニまで車で三〇分。職場まで五〇分。かなり不便な環境ではあるが、大好きな車とともに街と田舎を日々往復するのは、特別な暮らしをしているようで優越感がある。

そういえば父の影響以外にもう一つ、私を車に出合わせ、人生を変えてくれたきっかけがあった。

ベン・スティラー監督・主演の『LIFE!』という映画がある。この作品を観ると、平穏な日常から飛び出したくなる。この作品を映画館で観終わったとき、旅に出たくて堪らなくなったのを、今でも鮮明に覚えている。

ベン・スティラー演じるウォルターは、凡庸で臆病な会社員なのだが、あることをきっかけに壮大な旅をすることになる。

私がそれまで観てきたロードムービーの主人公のほとんどは、もともと逞しかったり、エネルギーに満ち溢れていたりした。でもウォルターはあくまでも普通の人なのだ。ウォルターに自分を重ね、「私もこんな風に動けば、運命が変わるのかもしれない」と思った。そこから、小さなきっかけを見つけるたび、私は行動するようになった。

　行動を重ねることで、いつの日か私も、この映画のベン・スティラーのように格好良くなりたい。


　余談だが、私の母親は一切車を運転しない。でも旅行が好きで、週末は父を置いてしょっちゅう旅行に行っている（たまに父も一緒）。週末旅行だけで日本一周しそうな勢いだ。もしかしたらもう一周しているのかもしれない。そんな母を見ていると、「私も負けていられないな」と次の旅の計画を立てたくなる。

　私がひとり旅を続けているのは、父だけでなく母からの影響もあるようだ。

# 夏

ちょっと過酷だけど
憎めない

# 雨の日

六月下旬、すっきりした快晴の日が急に少なくなり、ラジオからは梅雨入りという言葉が頻繁に聞こえるようになった。車でのひとり旅を始める前の私は、ニュース番組のお天気キャスターが梅雨入りを申し訳なさそうに発表しているのを見て、なんとなく梅雨は悲しいものなんだと思い込んでいた。

ある雨の日、仕事で車を運転していると、紫陽花《あじさい》がふと目に映った。サニーデイ・サービスの『あじさい』という曲をよく聴いていたからだろうか。何度も通っていた道だったのに、そのとき初めて、紫陽花が美しく咲いていることに気づいた。

どうしてこんなに惹かれるのだろう。たまたま見た花が忘れられず、その日のうちに、家の近くで紫陽花が咲いている場所がないかを探した。どうやら「あじさい寺」というお寺があるようだ。なんともマイナスイオン漂う名前。私は次の休みの日、そこへ行くことを決めた。

それからしばらく経った仕事が休みの日。その日は雨が降っていた。絶好の紫陽花日和ではないか。レインコートと長靴、お気に入りの傘を装備して、車であじさい寺へ向かった。雨はそれなりに強く、車のフロントガラスには大粒の雨がビタビタと音をたてながら打ちつけていた。以前までの私だったら、こんな大雨の日の外出なんて、「億劫だ」くらいにしか感じていなかったであろう。

あじさい寺へ向かう途中、甘々娘《かんかんむすめ》と書かれた旗を見つけた。甘々娘とは、梅雨の時期にしか食べられない糖度の高いトウモロコシだ。この辺りでは知らない人はまずいないだろう。もちろん私も大好物で、毎年スーパーで購入している。

私は今、甘々娘を農家さんから直接購入できる特別な場所にいるようだ。車を停め、旗の立てられた軽トラのほうへ向かった。朝採れの甘々娘は大人気で、朝早くから行列に並ばないと手に入れることができない（と地元のテレビ番組で特集されていた）。しかし雨のせいか、この軽トラの前に行列はなく、甘々娘もまだたくさん積まれていた。「千円でトウモロコシ詰め放題」と書かれていて、私は迷わず千円札を出した。軽トラに載せられた大きな水色のコンテナいっぱいの、今朝採れたばかりのトウモロコシたち。みんな凛々しい表情で、旅立ちを待っていた。私はビニール袋が破れるほどパツパツになるまで、無我夢中で甘々娘を詰め込んだ。雨が降っていなかったら、きっと大行列だったのではないだろうか。待つことが苦手な私は、詰め放題を諦めていただろう。

雨が降っていることも忘れ、傘をささずに車まで甘々娘を運んだ。今日の夕飯はトウモロコシご飯にしようと決めたところで、ここまで来た本当の目的を思い出した。目的地はあじさい寺だった。

あじさい寺までは、そこから車で十分ほどだった。駐車場には、私の車一台だ

け。あまりの静けさに、一瞬、中に入っていいのか不安になる。傘をさし、受付で拝観料を支払い、ようやくお寺に足を踏み入れた。目の前に広がる、お寺いっぱいの紫陽花。満開からは少し日が経っているようだったが、まだほとんどの紫陽花が生き生きと咲いていた。青色、紫色、ピンク色、白色の紫陽花の花びらに雨が滴り落ちていく様子が、私の渇いた心にも潤いを与えてくれるようで、じっと見つめては、持参していたカメラで写真を撮り続けていた。貸切状態の雨の音が響くお寺で眺める紫陽花の美しさは、静止画だけでは表現しきれない。

そこで私は、動画を撮り始めた。傘をさしながら、ブレないようにがっちりとカメラを支える。こっちのほうが、お寺に響き渡る雨音もあいまって、私が今いる環境に近い空気感を表現できている。

しばらく歩いていると、高さ五〇センチほどのカエルの置物がこっちを見てにっこりと笑っていた。びしょびしょなのに、生き生きとしているな。「君はいつからそこにいるの？　寒くないの？」。ひとりきりだと、ついつい虫や動物、草花に話しかけてしまう。もちろん返事はないけれど、心で会話しているから良いのだ。

　貸切状態のあじさい寺を満喫したところで、お寺を後にした。車に乗り込むと、屋根に当たる雨の音がより強くなってきた。

　この日をきっかけに、私は台風や警報級の大雨の日を除いて、雨の日は「外に出なきゃ勿体ない」と思うようになった。

　雨に濡れた紫陽花を見ながらキャンプしたいがために、毎年梅雨になると、紫陽花の咲いているキャンプ場を探し、わざわざ雨の日を選んでキャンプをしに行く。あじさい寺にも毎年訪れるようになった。紫陽花のおかげで、梅雨という季節がいとおしい。

　猛暑が続くここ最近の夏でも、雨の日は比較的涼しい日が多い。外に出て、普段使うことのない長靴を履いて、大きめの傘をさして散歩をするだけで、なんだかいつもと違った場所にいる気分を味わえる。そんな雨の日が大好きだ。

# 蛍の夜

夏にしか見られないものといえば、私の中では「蛍」だ。毎年梅雨になるかならないかくらいの季節が来ると、蛍に出合える場所を探しては、足を運んでいる。動画や写真では、蛍の可愛らしさはまったく伝わらない。物足りない。この目で直接見て、感じたい。そう思って、これまで静岡県内のあちこちで蛍を鑑賞してきた。

今のところ私の認識としては、五月下旬〜六月中旬が蛍の季節だ。昔はもっと遅かったかもしれないし、この先、温暖化がますます進むと変わってしまうのかもしれないけれど。ちなみに私はただの蛍好きであり、蛍に関する知識は薄いほうだ。

まず、私がいちばん身近に感じるのが、実家の近所の公園の蛍。小学生の頃、父と毎年見に行っていた。この公園は比較的住宅地にあり、私の実家から徒歩二〇分ほど。公園内の「せせらぎの小川」と名づけられた小さな川には、蛍が毎年出没する。

父と一緒に公園に行くと、私たちの他にも親子連れや老夫婦が数名、蛍を見に訪れている。すぐには見つけられないのだが、誰か一人が「あ、いた！」と声を上げると、その場にいる全員が第一発見者のところへ集合する。「え、どこどこ？」「あそこ！　木にとまってる！」「あ、本当だ！」と、みんな初対面にもかかわらず、蛍を見にきたという共通目的から一致団結するのだ。

その一匹が小川の上をふわふわと舞っている様子を、年齢も性別もバラバラの数名で眺め、いつの間にか解散している。年によっては、やたらと蛍に詳しいおじさんがいたりもした。

ここの蛍は、出合えたとしても一、二匹。風が強い日や雨の日は見られない。ただその儚さこそが、幼い私を夢中にさせていた。

私が初めてキャンプをしたのは、小学生の頃。夏のキャンプ場でいちばん印象に残っていたのが、キャンプ場にある川で蛍を見たことだった。ここでは公園の蛍とは違い、数十匹の蛍を見た。

光るものが大好きだった私。このとき初めて、蛍を近くでまじまじと観察することに成功した。正直、見た目は普通の虫である。ただし、お尻が光っている。なんて可愛らしいのだろう。黄色信号のようにピカッピカッと光る蛍もいれば、息を吸うようにスーーっと明るくなり、吐くようにすーーっと消えていくお淑やかな蛍もいる。お尻の光が点いたり消えたりするペースは決して一定ではなく、まったく光らない時間もあれば、点きっぱなしのことだってある。蛍はオスとメスが互いに呼び合うために光っているらしい。この子たちは恋愛真っ只中なのか……ますます可愛い。

ただし、こうやって光りながら飛べる期間は約一週間。メスは、その短い期間で産卵して死んでしまう。今はこんなに元気に飛んでいるのに、なんて儚い一生なのだろう。

社会人になりソロキャンプを覚えてから、蛍が敷地内に現れるキャンプ場に行った。

受付の管理人さんから、「今日の夜八時くらいに蛍が光ると思うから、見てみてね。あなたの他にもう一人キャンプする女性がいるから、見つけたら教えてあげて」と、穏やかな口調ながら、難易度高めの課題を与えられた。その方は迷彩柄のテントで静かにキャンプしている。

蛍は見たいけれど、知らない人に話しかけるのは嫌だなぁ……。

そんなことを思いながら、蛍に備えて早めに夕飯を済ませた私は、夜八時頃から焚き火をしながら集中的に蛍を探し始めた。焚き火をしているのが良くないのか、なかなか蛍は姿を現さない。

しばらく経って、私はトイレに行きたくなった。トイレへと歩き出すと、木の隙間から蛍光イエローの光がわずかにこぼれているのが見えた。別の場所に、ふわふわ浮かぶ光もある。

今まで私が行った蛍の観賞スポットでは、蛍目当てで大勢の人が集まっていた。でも今、この場所には私しかいない。誰にも邪魔されずに元気に飛び回っている蛍たち。あの子たちには、きっと私は見えていないんだろうな。トイレのことなどすっかり忘れ、しばらく蛍を見つめていた。

ふと我に返って、管理人さんの課題を思い出した。私は勇気を振り絞って迷彩テントに近づき、「すみません、あの、あっちに、蛍いますよ……」と声を掛けた。すると「本当ですか！」と好意的な反応が返ってきた。

良かった。蛍が見える場所まで案内した。迷彩さんは「蛍、初めて見ました！　すごく綺麗なんですね！」と喜んでくれた。彼女にとって、思いがけないファーストホタルの瞬間に立ち会え、私も経験値がワンアップした気分だ。

翌朝、管理人さんにそのことを報告したら「そうなの～！　二人とも蛍が見られて良かった。私も嬉しいわ！」と、ニコニコしながらコーヒーを淹れてくれた。

誰かが笑顔になるきっかけをつくれた。私もやればできるじゃないか。少しばかり自分に自信を持てた。

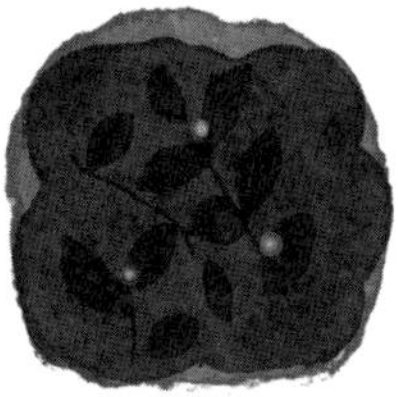

# 失敗ソロキャンプ

キャンプといえば夏。幼少期の夏休みに毎年父親がキャンプに連れて行ってくれて、その思い出が良いものばかりなので、私の頭にはそう植えつけられていた。

七月上旬のとある日、私は部屋でのんびりと、主人公の女の子がひとりでキャンプしながら旅をする漫画を読んでいた。すると最新巻で彼女は、当時の私が暮らしていた場所の近辺で幸せそうにキャンプをしている。

すかさず、休みの予定を確認してみると、翌日、翌々日とちょうど二連休。これを逃すと、この月に連休はない。「明日、キャンプしに行こう」。

今までの経験上、衝動的に行きたいと思ったところに赴いて後悔したことはない（行かなくて後悔したことは山ほどある）。

ひとりでの宿泊を伴うソロキャンプのデビューには、良いきっかけだ。とにかく私は漫画の中の女の子と同じ場所で、同じことをしたかったのだ。


翌日、天候は晴れ。最高気温三十五度。正直かなり暑い。でもきっとキャンプ場に行ってしまえば涼しくなるだろう。少しの不安もなく、キャンプの準備を済ませ、予約したキャンプ場へ向かった。

海辺を爽やかにドライブすること約五〇分。目的地に到着した。

私が予約したのは、車を乗り入れることが不可能なフリーサイトだ。

車を駐車場に停めて、まずフリーサイトの様子を見に行ってみる。

翌日は平日ということもあり、人はまばら。ひとりでキャンプする余裕はじゅうぶんにあった。

私は車に戻り、キャリーカートに荷物を載せ、目当ての場所に向かって歩き始めた。歩く距離は約三〇〇メートル。荷物を持っていなければなんてことない距離だ。しかし、テント、寝袋、椅子、テーブルなど、ひとりでキャンプを満喫する道具をたっぷりと載せたキャリーカートを引きながら、一泊分のお泊まりセットを入れたリュックを背負っている私にとって、この移動だけでも修行のように感じる。目的地に到着した頃には、すでに一日分の体力を使い切ってしまっていた。なんだか嫌な予感がする。

それでも、もう一泊分のキャンプ料金は支払い済みだし、ここまで来て引き返すなんて恥ずかしすぎる。初夏の十四時。私はテントの設営を始めた。

当時使っていたテントは、黄色い四人用のワンポールテント。まるでスナフキンが使っていそうな三角のシルエットが可愛いくて、とても気に入っていた。

初めてのひとりキャンプ。テントを自分だけで設営するのもこれが初めてだった。暑い。暑いことを気にしないようにしていたけれど、だんだん体感温度が上がっていく。

周りではカップルが楽しそうにキャンプしている。きっと、ひとりでキャンプしている私を見て「よくやるなぁ〜」なんて会話をしているに違いない。格好悪いところをどうしても見せたくなかった私は、クールな顔を保ち、手際良く作業を進めていった。十五分ほどで無事に設営は終わり、ようやく椅子に腰掛けた。オーバーシャツの中は汗だくだった。

一刻も早くお風呂に入りたい私は、夕飯前に温泉に向かうことにした。きっと、お風呂を上がる頃には涼しくなっているに違いない。温泉までは約一キロ。せっかく来たのだから、キャンプ場周辺の景色を楽しむために歩いて行こう。

落ちていく夕陽を眺めつつ、私は黙々と歩き続ける。汗でしっとりと濡れていた服が、重みを増していく。私は、とにかくお風呂のことだけ考えた。お風呂に入ってしまえばなにもかもリセットされるだろうと信じた。

ようやく到着。一キロの距離を車ではなく自分の足で移動してみたら、想像の五倍は遠かった。なんと、疲れ果てた私の目に飛び込んできたのは「温泉休止中」という看板だった。

物事をなんでもプラスに考えるのが得意な私でも、さすがにこの看板に書いてある文字がうまく読めず、しばらく立ち尽くしながら何度も読み返した。やはり温泉は休止中のようだ。

別の温泉も探してみたが、近くに営業中の温泉はない。車で移動しない限り、お風呂に入ることができなさそうだ。しかしもう陽が落ち、辺りは暗くなってしまっている。お腹もぺこぺこだ。止むを得ず来た道を引き返すことにした。温泉までの往復一時間、私はなにをしていたのだろう……。漫画の中の女の子と同じようにいかず、現実の厳しさを痛感する。

夕飯を作ろうとすると、雨が降り始めた。慌ててテント内に避難する。天気予報には雨が降るなんて書かれていなかった。「もう、なにもできないじゃん……」。それでも私は、周りの目を気にして、慣れているフリを貫いた。

　雨は降ったり止んだりを繰り返している。雨が少し止んでいる隙に、ご飯を炊き、肉を焼いて、焼き肉丼のようなものができあがった。これだけはなかなか美味しくできた気がする。でも、この汗でベタベタな状態で眠ることへの恐怖のほうが勝っていた。


疲れ果てて無気力になった私は、焚き火をする気にもなれず、ひたすら遠くを見てぼーっとしていた。なんとかして楽しみたい。こんな訓練みたいなキャンプ、生まれて初めてだ。

　こうなったら必殺「早寝早起き」をしよう。そうと決めたら、そそくさと寝袋に入るが……暑い。七月上旬の夜

のテントは、まるで低温サウナ。とても眠れる環境ではなかった。脱げる服は全部脱いで、少しでも涼しく眠ろうと試みたが、結局一睡もできなかった。

寝苦しい夜と格闘しているうち、いつの間にか外は明るくなっている。私は眠る努力をやめた。

早朝四時。テントから出ると意外と涼しい。朝の空気を堪能し、爽やかなピンク色へと変わっていく空を眺めながら、念のため持って来ていた漫画を読み始めた。眠いけれど、気持ち良い。

初夏の早朝の朝焼けは、想像以上の美しさと心地良さだった。

漫画を読んで、コーヒーと朝ごはんをいただいて、テントの撤収後はどこにも行かずにまっすぐ家に帰った。家の慣れたお風呂に入り、冷房の効いた部屋で眠りにつく。

真夏に標高の低いところでは、二度とキャンプをしないと心に決めた。

# 標高一三〇〇メートル

標高の高い場所というと、雪が積もったり、道路や水道が凍結したり、慣れている人でないと危険な場所という印象があった。しかし、それは冬の話。夏はむしろ涼しくて心地良いらしい。そんな話を聞いて、ある夏、標高一三〇〇メートルの地にある長野県姫木《ひめき》平《だいら》へのキャンプを決めた。クーラーなしでも涼しく過ごせるらしい。

というのも、夏の静岡はとにかく暑いのだ。近年の夏は、最高気温四〇度を超える日も決して珍しくない。真夏の外出は、仕事と映画館以外はできるだけ控えることとなる。

姫木平までは、静岡駅辺りからであれば二時間半ほど。静岡県から長野県まで続く、中部横断道という高速道路をひたすら進めばいいようだ。

姫木平に行こうと決めたあの夏。車でひとり旅に出るようになってから七年近くも経っていたのだが、まだ長野県ではキャンプしたことがなかった。学生時代にスキーをしに行ったとき、あまりにも遠く、先輩たちに運転を任せっぱなしにして申し訳なかったなという印象が強く残っていたので、そんな場所にひとりきりで行くイメージを持つことができなかったのだ。

ある程度の運転経験をつんで、さらに二〇一九年に中部横断道ができたことで、以前ほど長野県と私の間にあるハードルは高くなくなっていた。

私は暑さから逃げるように、長野への初ドライブに出た。

出発の日、天気予報は晴れ。静岡県内の最高気温の予想は三十五度を超えており、太陽は「夏ですよー!」と言わんばかりに、街中を朝から容赦なく照らしている。こんなに暑い日にキャンプしようとしている自分が信じられない。車のドアを開けると、サウナみたいにムワッとした熱気が押し寄せてきた。少しの間ドアを開放し、熱気を逃がしながら準備を進めていく。荷物を載せ、運転席に座る。エンジンと冷房と音楽を一気にかけた。

「ゴオオオオ……！」と、軽自動車であるエヌバンは踏ん張っている。「今から涼しいところに行くからねぇ」「ちょっと頑張ってねぇ」と、苦しそうなエヌバンを心の中でなだめつつ、私は旅に出た。

まず向かったのは長野のご当地スーパー、ツルヤ。ここの品物はみんな大切に扱われている。特に野菜売り場は、野菜がみんな生き生きしていて、いろんなものを購入したくなってしまった。見ているだけでこんなに楽しいスーパーは初めてだ。


買い出しを済ませ、霧ヶ峰高原に寄り道した。霧ヶ峰とは、名前を聞いただけで、涼しさを期待させられる。絶景ドライブルートとして知られるビーナスラインを走っていると、車が数台停車しているところを見かけた。踊場湿原というそうで、これまた名前を聞いただけでも休憩したくなるスポットだ。「私も車を停めたい！」と車をUターンさせ、湿原を見渡せる場所に車を停めた。運転席から飛び出すと、なんと心地良い風！　静岡で感じていたヒリヒリと焼きつけるような熱気が嘘みたいだ。ひとまず思い切り深い呼吸をして、体内の空気を入れ替えた。すると急にお腹が空いてきたので、ついさっきツルヤで購入した塩パンとたっぷりタルタルチキン南蛮パンを食べることにした。遠くまで来たという実感と、目の前に広がる真緑の湿原のおかげで、ほんの数百円のパンが、超高級バーガーみたいな錯覚に陥る。この時点で私はすでに長野のことが大好きになっていた。

お腹を満たし、横になりたい気持ちを抑え、「霧ヶ峰ビーナスライン無料駐車場」に車を停めて展望場へ向かう。頂上までは約一キロ、プチハイキングだ。展望場では人力飛行機が数台飛んでいた。夏の真っ青な空をバックに飛ぶ飛行機を眺めながら、荒井由実の『ひこうき雲』を頭の中で何度もリピート再生した。まるで映画のワンシーンを見ているかのようだった。

本日の宿泊地は姫木平のオートキャンプ場だ。林間サイトは白樺に囲まれ、近くには小川が流れている。水は透きとおって冷たい。木々の緑色の彩度が高く、まさに涼しい景色。こんな環境で一日を過ごせるなんて……。私には、どんなホテルに泊まるよりも贅沢な環境だと思えた。

夜が近づくにつれ、気温もどんどん下がり、持参していた温度計は二〇度を指していた。上着を持ってきてよかった。久しぶりの長袖が嬉しい。

夕飯は、お弁当箱型炊飯器でご飯を炊き、ツルヤで買った軽井沢ソーセージと冷凍アヒージョセットをフライパンで炒めた。私は料理が得意でないのだが、キャンプでの食事はいつも美味しく作れるから不思議だ。

夕飯を食べていて、まったく虫が寄ってこないことに気がつく。真夏だというのに、虫対策をしなくても車のバックドアを開けっ放しにしていても平気なのだ。虫たちは標高の高い場所では生息しづらいのだろうか。夏に蚊も蜂も虻も恐れなくて良いなんて、これはもう夏の間はここで暮らしたほうが良いのかもしれない。芸能人は夏になるといっせいに軽井沢や蓼科《たてしな》の別荘地に移動するイメージがあるのだが、その理由がようやくわかった。

私の場合は別荘を持てるほどの余裕がない。でも、この車を「移動式別荘」と見立てればいい。これからは夏の暑さに嫌気がさしたら、ふらっと長野まで旅に来よう。

私はその夜、久しぶりにぐっすりと眠った。

朝起きて車の窓から見えたのは、美しい白樺の森。車から降りて、ゆっくりと森の中を歩いてみる。昨日よりもいっそう輝く木々。木漏れ日が揺れると、なんだか家からものすごく離れた場所に来ている気がして心臓がぞわぞわした。

どこかでこんな景色を見たことがある。まるで映画の登場人物になったような、なにか一つの物語が始まるような、そんな気がした。

# 海辺を歩きに

キャンプを始めてから数年経ち、夏のキャンプはよほど標高の高いところ以外ではすべきではない、という教訓を得た。

毎年夏になると、映画『海がきこえる』を観ている。主人公の男の子とヒロインの感情が、まるで海のように穏やかになったりひどく荒れたりする、短い時間に何度も感情が揺さぶられる、大好きな映画だ。この作品を鑑賞すると、登場人物と同じように夏の海を見ながら潮風に髪を靡《なび》かせたくて、うずうずしてしまう。

静岡県はどこに住んでいても海までそう遠くないので、真似しようと思えばできてしまうから厄介だ。諦めがつかない。

三カ月に一度、私は車で片道二時間の場所にある美容院に通っている。映画好きの美容師さんがひとりきりで経営しているので、予約さえしてしまえば、貸切状態で髪をカットしてもらえる。美容院の広さは六畳くらい。内装は天井が高く、ところどころに木製の素材が使われていて、まるで私の車の車内のようにシンプルな造り。決して広くはないのだが、それくらいが私にはちょうど良い。

もちろん、オーナーさんの腕も素晴らしい。剛毛かつ毛量が多い私のわがままな髪を、パーマなしで整えてくれる、わざわざ指名しなくても確実にオーナーにカットしてもらえるという保証があるところも、非常にありがたい。


八月上旬、すっかり伸びてしまった髪を切りに、美容院までドライブすることにした。予約は十五時。まだ少し余裕がある。せっかく丸一日休みを取ったのだから、お昼は外で食べよう。

私が向かったのは、海の近くにあるマクドナルドのドライブスルー。お昼どきは混んでいるのだが、注文する準備が整えられるので私は気にしない。車の中でラジオを聴きながら待てるなんて、時間を有効活用できる素晴らしいシステムだ。しばらくして順番が回ってきて、頼んだのはビッグマックセット。飲み物は少し追加でお金を払って、アイスキャラメルラテにした。ポテトが冷めないうちに、海辺の車を停められる場所へと向かった。

この日、日中の気温は三十五度近くまであったのだが、海辺は風が強いため、体感温度は低く感じる。どうしても潮の匂いを浴びたくて、車の窓を全開にした。

車内でマックを食べるときには、車のハンドルに取りつけられるタイプのテーブルを使用している。ネットで見つけたもので、車の中での食事やパソコン作業に非常に便利だ。日常的に車の中で過ごしているので、使用頻度はかなり高い。

紙袋からビッグマック、ポテト、アイスキャラメルラテを取り出し、テーブルの上に綺麗に並べていく。車内がマクドナルドの「あの香り」に染まっていく。

「いただきまあす」。私以外には誰もいないから、気にせず大口を開けてビッグマックにかぶりつく。

目の前には青く輝く夏の海。やっぱり、海を眺めながら食べるハンバーガーはとびきり美味しい。マクドナルドのアイスキャラメルラテも、しつこすぎない甘さがちょうど良く、このロケーションにぴったりだと思う。

ラジオからは、爽やかで元気はつらつとしたパーソナリティの声が聞こえる。「これからの長距離ドライブ、なにか良いことがありそうだな」と前向きな気持ちになった私は、珍しく時間に余裕を持って、運転を再開した。


一時間ほどドライブしたところで、お気に入りのコーヒー豆屋さんで休憩を兼ねたお買い物をする。お店に入ると、店中に広がるコーヒーの良い香り。ずらりと並べられた焙煎前のコーヒー豆を眺め、アイスブレンドのコーヒー豆を二〇〇グラム購入することにした。「夏期限定」と値札に書かれていたのに惹かれたのだ。私はいつだって「限定」に弱い。

コーヒー豆の焙煎を待っている間、店員さんがアイスコーヒーを用意してくれた。この贅沢な待ち時間を求めて、豆屋さんにはもう何度も足を運んでいる。私の車でテーブル代わりに使っている「コーヒー豆の木箱」も、このお店でたまたま見つけて一目惚れし、衝動買いしたものである。そのときはまさか、こんなに長い付き合いになるなんて思ってもみなかった。

十分ほどでコーヒー豆の焙煎が終わった。「ありがとうございました」とお礼をして、車に戻る。車内に、コーヒーのほろ苦く香ばしい匂いが広がる。

大きく息を吸い込んで、いよいよ美容院に向かった。

到着すると、いつものオーナーさんが出迎えてくれた。柑橘系の香りのシャンプーに癒されながら、夏らしく髪もバッサリ切ってもらった。美容院に通うのが面倒で、髪を伸ば

しっぱなしにしていた時期もあった。だが一度短くしてもらうと髪を乾かす時間が大幅に短縮できるし、なにより車中泊キャンプでの朝のセットが楽なので、もう数年、ショートボブをキープし続けている。

髪を切って身軽になった私は、お菓子屋さんでできたてのきんつばを購入し、ハンバーガーを食べたときとはまた別の、灯台の見える海へ向かった。

海に到着し、先ほど購入したばかりの豆でコーヒーを淹れながら、陽が落ちるのを待つことにした。こんなこともあろうかと、自宅からステンレスマグに氷とお湯を入れて持ってきていた。あとは手挽きミルで豆を挽くだけ。ここでももちろん、運転席と助手席の窓は全開放だ。

できあがったアイスコーヒーを飲みながら、きんつばを頬張る。空がオレンジ色から赤色に変化していく。

完全に陽が沈んでしまう前に、映画やミュージックビデオの登場人物になりきって、海辺を歩いてみる。心地良い海風に吹かれて、我ながら良い感じだ。頭の中では、くるりの『その線は水平線』が再生されていた。風車、灯台、夕焼け、海。極上の組み合わせを目の前に、「夏だ！」と叫んでしまった。これは紛れもなく、私の思い描いていた夏そのものだった。この瞬間を残したくて、写真を何枚も撮った。

空は紺色に変わり始める。真っ暗になる前に、私は海を離れた。

中学生の頃、友人とよく海辺で遊んだ。海は私の日常でもあった。そのためか、海を見るとノスタルジックな気持ちになる。当時から人見知りだった私でも、海にいるときだけは、普段話さないような同級生とも楽しく遊ぶことができた。

海は、私の嫌いなところを忘れさせてくれる、不思議なチカラを持っているようだ。海のチカラを借りたくて、大人になった今でも海辺を歩きに行く。

# 秋

賑やかで
健康で美味しい

# コーヒーの季節

私はお酒があまり得意ではない。ドラマなどで、キャンプをしながらお酒を嗜む役者さんの姿は格好良い。それで私も真似して、キャンプ中にビールを呑んでみたりもした。確かに、家で呑むよりは美味しく感じた。ただ、それだけだった。

お酒は一滴でも呑んでしまうと、それから一定の時間、車を運転できなくなる。何人かと一緒にキャンプしているときや、家の近くにいるときだったらまだいい。しかし不安症な私は、ひとりでいるときにすぐ運転できない状況は、不安にもストレスにも感じられてしまう。

私は、無理してお酒を呑むのはやめた。それでも、やはりなにか美味しいものが飲みたい。お酒に代わるものはないのかなぁ。

　ある朝、私はいつものようにコーヒーを淹れていた。コーヒー豆屋さんを営んでいる友人がいるので、その子のお店で買った美味しい豆を私は常備している。私にとって、豆から挽いたコーヒーを飲み、パンを食べながら朝ドラを観るのは、仕事前の憂鬱な朝のささやかな楽しみだった。

「あ、これだ」。このいつもの幸せを、当たり前のようにキャンプ場に持ち込めば良いのではないだろうか。お酒の代わりになりそうなものは、意外にも近くにあった。

　キャンプ中にビールをグビグビ呑んでいる方たちも、きっと日常の中でもビールを嗜んでいるのではないか。家で呑むお酒も美味しいだろうけれど、わざわざ外に出て呑めば、同じ缶ビールでも、それはそれは美味しく感じるのだろう。

　きっと、私のコーヒーでも同じことがいえる。家で飲んでも美味しいコーヒーだが、出かけて行った先でひとりで静かに飲むコーヒーはもっと美味しいはずだ。

このことに気づいた私は、キャンプの夜は夕飯と焚き火だけに集中することとして、朝のスペシャルカフェタイムを堪能しようと心に決めた。ついでに、スペシャルカフェタイムを充実させるためのお金はケチらなくても良い、というマイルールも作った。きっとお酒呑みの方々も、最高のお酒タイムのための予算をケチったりはしていない気がするのだ。

それからというもの、可愛らしいデザインのコーヒードリッパーやコーヒーミルを購入しては、ああでもないこうでもないと何度も何度も買い替えた。

ひとり旅の荷物はコンパクトなほうがいいので、あまり嵩張らないものを選ぶように意識した。ネットで見て、デザインを気に入って購入したものが、実際に届いてみたら想像より大きくて、一度だけ外で使ったきり、家専用になってしまったことがある。やはり直接目で見て選ぶのが大事なのだと反省した。それ以来、お店で実物を見て、納得したもの以外は買わないようにしている。

いつからか、旅の最中に地図アプリで「コーヒー豆」と検索し、新鮮な豆を購入してから宿泊先に向かうのが習慣になった。

コーヒー豆屋さんの雰囲気は、土地によってまったく違う。どういうお店で、どういう人が焙煎している豆なのかがわかるだけで、コーヒー豆に愛着が湧くし、味に深みが出る（気がする）。

私はコーヒーミルで豆を挽いている時間を「スーパーごりごりタイム」と呼んでいる。コーヒー豆を手挽きミルで挽くのは、意外と時間がかかり、正直疲れる。その間、私の頭の中では某動画サイトのように、右から左へと「ごりごりごりごりごりごりごりごり」という文字が流れている。それ以外にはなにもない。この状態が、私にとっての極上の時間、スーパーごりごりタイム。家や職場などの普段の環境では、色々

やることも考えることもあって、無の状態になるのは至難の業だ。

無になった私の耳には、葉っぱたちが重なり合って揺れる音が自然と入ってくる。ふと、コーヒー豆屋さんの顔が浮かぶ。でもまた無心になる。一瞬、自然の中でわざわざコーヒー豆をごりごり挽いている自分に酔ったりもする。そのときの私の顔はニヤニヤしているかもしれない。でもまた無心になる。

十一月の朝に飲むコーヒーは、一年の中でもいちばん好きだ。カラッとした空気と、赤や黄色に色づいた葉や土の匂いが、コーヒー豆の香りや苦味とあいまって、他の季節よりも深い満足感を得られる。コーヒーと一緒に食べる焼き芋、おまんじゅう、どら焼き、大福にあんこたっぷりの最中……。お腹いっぱいになっても、まだ食べられる。それと比例して体重もどんどん増える。

この季節の空気感は、どんな調味料よりもすごい高級スパイスなのではなかろうか。

# オレンジ色の湖畔

黄色、オレンジ色、赤色……。

秋は、季節が進むにつれてだんだん気温が低くなっていき、それとともに葉っぱたちは色づき始める。十月下旬にもなると、ラジオからは頻繁に「紅葉」というワードが聞こえてくるようになる。

私の住む静岡県には、神社を中心に、紅葉の季節になると賑やかになる有名スポットが山のようにある。そのうちのいくつかには、私も何度か足を運んでいる。まるで芸術作品のような紅葉は、もちろん美しく感動的だった。ただ、じゃあ来年もまた見に行くかと聞かれたら、はっきり「イエス」とは答えられなかった。

要は、大勢の人がぞろぞろと集うような紅葉スポットは避けて、ゆったりのんびりと紅葉を楽しみたいのだ。

だから、友人も家族も誰も知らなそうなスポットにまずはひとりで出かけて、自分の目で様子を確かめる。その後、みんなに「あそこの紅葉は綺麗で、しかも穴場だよ」とドヤ顔でおすすめするのは堪らない。

十一月上旬、この季節の少し冷たくて温かい空気が大好きな私は、湖の旅に出ようと決めた。

湖といえば山梨県だ。山梨県には、富士五湖と呼ばれる本栖《もとす》湖、精進《しょうじ》湖、西《さい》湖、山中湖、河口湖がある。付近には整備されたキャンプ場も多いため、この季節は特に観光客が多く訪れる。ひとりのんびりしたい私が向かったのは四尾連《しびれ》湖だ。静岡県から比較的アクセスしやすい場所にあり、またこぢんまりとしたサイズ感が珍しく、前から気になっていた。

この季節のドライブは、エアコンをつけなくて良いし、かといって暖房をつけるほどの寒さもない。窓を全開にして外の空気を全身で感じながら運転できるのは、このうえない歓びだ。空気も澄んでいて、車の窓から眺める景色の解像度が高い。

四尾連湖に近づき、最後は狭い道を恐る恐る通り抜け、湖畔に車を停めた。

車から降りて顔を上げると、そこには今まで見たことがないほどの燃えるような景色が広がっていた。湖は確かにこぢんまりとしているのだが、湖の周囲の赤く色づいた木々が湖に映り込むことで、湖のほぼ全面が赤いのである。この大きさの湖でなければ、見ることのできない景色だった。

秋を全身で感じるような風景に圧倒されながら、私はキャンプ道具を車から降ろした。そして映画『スタンド・バイ・ミー』の登場人物になりきって、軽やかな足取りで湖畔を進んでいく。

このときの私は、ちょうどキャンプ慣れしてきたところで、調子に乗ってたくさんの荷物を持ってきていた。荷物が多すぎて、車からキャンプ地までを二往復する羽目になる。一往復目は景色に目を奪われていてまったく疲れなど感じなかったのが、二往復目はさすがに疲れてきた。「次回からは荷物を減らす工夫をしなければ」と学習した。

夕飯は焼き肉をした。焚き火で焼き芋も作った。焼き芋は、サツマイモを水で湿らせたキッチンペーパーにくるんで、さらにアルミホイルで包み、向きを変えながら三〇分ほど焚き火に放り込んでおくだけでいいので簡単だ。そのままでも美味しいし、バターと一緒に食べればより甘みが増し、まるで高級スイーツのような味になる。

秋に食べる焼き芋は、一年を通して食べる芋の中でいちばん美味しいと思う（余談だけれど、じゃがバターは夏祭りの屋台で食べるのが最高だと思う）。

ただし、芋はすぐに満腹になってしまうので、ひとり旅で食べるときには注意が必要だ。私は一度に丸々一個食べないで、半分は翌日のおやつにとっておくようにしている。焼き芋は冷えても美味しいし、翌日の食べ物が手元にあると安心できる。

心地良い風を感じながら焼き肉と焼き芋を食べて、涼やかな虫の合唱を聴きつつぐっすりと眠り、翌朝は六時に目を覚ました。

朝の紅葉の彩度は、昨日見たよりもますます高く、燃え上がるような赤が明るくキラキラと輝いていた。昨日の焼き芋をつまみながら、コーヒー豆を挽き、お湯を沸かした。

撤収を終え、近くの温泉で余韻を楽しみ、帰路についた。

運転していると、ふと静岡県にある田貫《たぬき》湖のことが思い出された。田貫湖は私のいちばん好きな湖だ。こちらも小さく穏やかな湖で、湖の向こうに富士山が見える。田貫湖も、そろそろ紅葉の季節ではないか。気になり始めたら最後、もう行くしかない。この時期を逃したら、あっという間に葉は落ち、冬景色に変わってしまう。紅葉は桜と同じくらい儚いから。

道の駅でお弁当を購入し、田貫湖へ寄り道した。天気は良く、まだすっぴんの富士山が顔を出している。湖畔を歩いていると、はっきりとした青空の下で、風が吹くたびに黄色いイチョウが揺れ、パラパラと舞い落ちていた。四尾連湖は燃えるような赤だったが、田貫湖は爽やかな黄色。春、夏、冬の田貫湖は静かなのだが、この日の田貫湖は元気いっぱいに秋をアピールしているようだった。

湖が「これから寒くなるけど、また来年会おうねー！」と語りかけてくれているように感じた。「また今年も会えたねー！　来年も会おうねー！」とこちらからも湖に挨拶した。

# ♫音と暮らす

風が吹いてコスモスの花が揺れる音、鳥のさえずり、虫の鳴き声、川の流れる音。自然の中でひとりで過ごすと、普通に暮らしていると掻き消されているであろう「音」を、少し冷たく澄んだ空気とともに全身で浴びることができる。秋の夜、焚き火の音やたくさんの自然の音、それらと重なってうっすらと流れる好きな音楽を聴きながら、今までの人生を振り返ると……なんだか泣けてしまう。

私は映画館が大好きだ。締め切られた箱の中で、全感覚を作品に集中させられる。大画面で映像を観られるのはもちろん、本をめくる紙の音から服が擦れる布の音まで、しっかり耳に届くのがいい。家のテレビで鑑賞すると、日常の音に紛れて、こうした微かな音を聴き逃してしまう。

車中泊のある夜、持参したタブレット端末を使い、車内で映画を観てみると、テレビより小さい画面だというのに、家より作品に没頭することができた。締め切られたひとりの空間で映画に集中する。映画館の環境に限りなく近いと思った。この感覚が病みつきになり、ひとり旅のときには必ずタブレット端末を持参し、映画を観るようになった。

より車内を映画館らしくするため、ＤＩＹでタブレット端末を車の壁に立てかけられるようにした。私だけの移動式「小さな手作り車内映画館」の完成だ。最近はサブスクで色々な映画を観られるようになった（レンタルＤＶＤ屋さんで作品を選ぶ楽しみは減ってしまったが……）。

旅しながら様々な映画と出合い、小さな一音一音までじっくり味わえるのは、たいへんありがたい。

話を戻そう。「音」の種類がいちばん多い季節は、やはり秋ではないだろうか。鈴虫やコオロギの鳴き声、落ち葉を踏んだときの音、秋雨、乾いた風など。寒すぎず暑すぎず、外で過ごす時間が長くなる秋は、外で感じる音に耳を傾けることが多い。

## 【虫の声】

一度、うっかり車内に迷い込んでしまった鈴虫と一緒に車中泊をしたことがある。外から聴こえる「リーン、リーン、リーン」という鳴き声は、秋らしい哀愁を感じて和む。しかし、車内で一緒に過ごすとなると話は別。正直、ボリュームがかなり大きい。鈴虫が鳴く理由は「求愛」らしい。車内には私と鈴虫さんの二人きり。なんだか切なくなる。

きっといつか求愛を諦めて鳴き止むだろうと、私は目を閉じた。のだが、鈴虫さんの鳴き声のボリュームは変わらない。むしろどんどん元気になっているようだ。

なかなか眠れなかったので、私は仕方なく耳栓をすることにした。鈴虫さんには申し訳なかったけれど、おかげでその後はぐっすり眠ることができた。

朝起きたときは静かだったので、車から降りたのかなと思っていたのだが、家に帰る道中からまた元気に鳴き始めた。車内を探しても、どこに隠れているのかまったくわからない。よほど私の車の居心地が良かったのだろうか？

しばらくの間、一緒に通勤する仲にまでなった。

**【雨の音】**

傘に当たる雨音は「ポツポツ」。水溜まりを長靴で歩くときの音は「ピチャピチャ」、車の屋根に雨が落ちる音は「ポタポタ」、大雨が降る音は「ザーザー」。

天候が雨というだけで、音の種類が倍になる。車の窓にいくつも張りついた雨粒が次第に溜まり、流れていくさまを見つめながら雨音を聴いていると、私生活や仕事であった嫌なことを洗い流してくれるような、不思議な感覚になる。

秋雨は、静かに弱い雨が降り続くことが多い。のんびり、穏やかな雨。梅雨の時期の雨は、激しくなったり、急に止んだりと、少し気性が荒い。季節によって変わる雨の降り方を、目だけでなく耳で確かめてみると、ちょっとだけ友達になった気分になり「雨も可愛いものだな」と親しみが湧く。

今はまだ、突然の雨に悩まされることが多い。もう少し雨と仲良くなりたい。

**【焚き火の音】**

マッチを擦って火をつけて、それが徐々に大きな火になっていくときの「シャッ」「チチチチ」「パチッ」。火が安定しているときの「パチパチ」。薪や炭の芯だけが赤くなっていて炎が上がっていない熾火の状態も、薪が静かな音とともに輝く様子はたいへん美しい。どの状態の焚き火も、目にも耳にも優しさと情熱を与えてくれる。

焚き火をしているときに聴きたくなるのがThe Novembersの『今

日も生きたね』という曲。今こうやって、ひとりの時間をつくれていること。焚き火の揺らぎをただじっと見つめながら、将来について考えていること。一緒に仕事している人たち、家族、バンドメンバーがいてくれること。色々なことに対して、改めてありがとうという気持ちが込み上げてくる。

周りの環境の音も聴こえるくらい小音に設定したイヤホンから、大好きな曲が流れてくる。すると、そうした幸せがしみじみと感じられてきて、ついつい泣いてしまう。泣いてはいるが、私の心は静かで落ち着いている。

仕事が休みの日に家にいるとどうしても、溜まっている家事のことを考えたり、それらをすぐに片づけようとしない自分に罪悪感が生まれたりと、気持ちがなかなか落ち着かない。

日常から少し離れて、お気に入りの音に囲まれながらぼーっとする時間をつくると、私の心に平穏が戻ってくる。

# 怖がりリスナー

ひとり旅をしていると、「ひとりで怖くないの？」とよく聞かれる。正直、まったく怖くないわけではない。

ひとり旅の際には、車中泊する場所に電波は入るのか、周りに民家があるのか、（キャンプ場泊の場合）管理人さんや他にキャンプしている人はいるかを事前に確認する。

また、家族にはどこに泊まるのかを必ず伝え、出先でも自分の現在地などを、できるだけ頻繁に連絡している。夜、寝る前には電話で「おやすみ」を伝える。私はもともと「共有したがり」なので、現地で撮った写真や食べたもの、今見ている景色など、逐一家族に送る癖がついてしまった。反応があると嬉しい。反応がなくても、連絡を送り続ける。送るだけでも、なんだか嬉しいのだ。

ソロキャンプを始める前の私は、ひとりでどこかに行くことが苦手で、キャンプも友人と休みを合わせて行っていた。しかし、月に何度も同じ友人を誘うのが次第に申し訳なくなり、思い切ってひとりでキャンプしてみたら、誰かに気を遣うことなく、自由気ままにいろんなことができてしまう世界に魅了され、現在に至る。

ところで私は、おそらく普通の人よりも怖がりだ。ホラー映画やお化け屋敷は大の苦手。某夢の国にあるおばけが住んでいるマンションのアトラクションですら大きめの悲鳴を上げるので、一緒に乗っている友人からは、「おばけよりも、もりこちゃんの叫び声にびっくりしたよ」と言われるほどだ。でも、友人から誘われたらお化け屋敷も入るし、勇気を振り絞ってホラー映画も観る。どうやら私は、どきどきする体験は好きなのだ。

ここでお話しするのは、そんな私の恐怖体験である。

だいたいいつも思いつきで旅に出るので、なにかしら忘れ物をする。でも大抵のものは、忘れたってなんとかなる。椅子を忘れたときは、車にずっと腰掛けていた。コップを忘れたときには、シェラカップという調理器具をコップ代わりに使った。

今までで最も絶望的だった忘れ物は、寝るときに下に敷くマット。私の車には畳が敷いてあるし、一晩くらいなんとかなるだろうと思っていた。しかし、そのまま横になって目を瞑ってみたものの、まったく眠れなかった。

動画サイトで見つけた「三分で眠りにつく音楽」のような音源を流してみたが、最後まで聴き終えてしまった（所要時間三〇分）。

悶々とした気持ちを晴らすため、いつか観たいと思っていた映画『ショーシャンクの空に』を観始める。きっとどこかで寝落ちするだろう。そんな思いも虚しく、名作すぎて最後までしっかり観てしまった（所要時間二時間二十三分）。

よりエモーショナルな気持ちに仕上がってしまった私。時刻は深夜三時。もう一度眠ろうと横になり、目を瞑ってみる。もちろん眠れない。この辺で起きているのは私だけなのだろうか。そんなことを思うと、またぐるぐると不安の渦が頭の中で回り始めてしまう。

助けを求めてスマホを見る。中学のときは眠れない夜に深夜ラジオをよく聴いていたことを思い出し、ラジオアプリを起動すると、とある芸人さんが明るい声色で番組を生放送していた。私がなんとかして眠ろうとしているこの時間に、この人は一生懸命日本中に笑いを届けようとしている。リアルタイムで届くリスナーからのメッセージも、思わず声に出して笑ってしまうほどおもしろい。同じ時間に同じラジオを聴いている人が何人もいるということがわかるだけで、心が安らいだ。

しばらくラジオに耳を傾けていると、安心したせいか、今度はトイレに行きたくなってしまった。トイレまで約五〇メートル。秋の深夜四時はまだまだ真っ暗で、しかも寒そう。もう少し明るくなるまで我慢しようか。いや、でもこのまま我慢していたら余計眠れないのではないか。考えすぎて、だんだんラジオの内容にも集中できなくなってきた。

「こんなに時間が無駄になるくらいなら、もう行ってしまおう！」

上着を羽織り、怖さを紛らわせるためにスマホでラジオを流しながら、ランタン片手に私はトイレまで五〇メートルの旅へ出た。もちろん全力早歩きだ。

このキャンプ場のトイレはとても綺麗に管理されている。暖房が効いていて、便座も温かい。トイレに入ってきた蛾ですら、このときはなんだかかいとおしく感じたし、怖さも軽くなった。

車から出るまでは怖くて仕方なかったが、ラジオのおかげか無事にトイレに行って、車に戻れた。一大ミッションを達成した後の爽快な余韻に浸る。興奮状態の私はその後も眠れず、現実と夢の狭間をゆらゆらと行ったり来たりしながら目を閉じていた。ふと目を開けると、車内に陽が差し込んでいる。

そんな長い夜を乗り越えて迎えた朝。陽の光を浴びると、不思議なことに自然と眠

気は吹き飛んでいく。

この一夜の後も、日常的にラジオアプリのタイムフリー機能でお笑い芸人さんの深夜ラジオを聴くようになった。深夜ラジオは比較的、リスナーの年齢層が若いのだろうか。昔の自分を振り返っているようで、心がくすぐったくなる。

お笑い芸人さんの深夜ラジオをよく聴くようになって、気づけば、お笑いのライブにも積極的に行くようになっていた。マットを忘れた夜をきっかけに、知らなかった扉が開くなんて思ってもみなかった。あの秋、マットを忘れていなかったら、今の私はこんなに熱心に芸人さんのラジオを聴いていないかもしれない。

この出来事をきっかけに、「忘れ物をする＝素敵な出合いがある」というイメージがついてしまった。誰かに迷惑をかけない程度の忘れ物なら、むしろ大歓迎。真面目になりすぎず適当に生きることは、実は自分のためになるような気がする。

# 富士山とサツマイモカレー

十月中旬、朝と夜は冷たい風が吹くようになった。長い長い夏がようやく終わったのかなと思い始めていたところで、ご近所さんが自宅の畑で採れたサツマイモをお裾分けしてくれた。そのとき急に、秋の訪れを実感した。

幼少期、住宅街を走る焼き芋屋さんのトラックで購入した石焼き芋を食べて以来、サツマイモが大好きだ。大人になった今、サツマイモを買っては色々な調理方法を試している。サツマイモはなにに入れても美味しい。

先日行ったカフェで食べたサツマイモカレーの味が忘れられず、次のキャンプではこのカレーを再現することを決めた。

そういえば、今の時期って「ダイヤモンド富士」が見られるのでは？　そう思って調べてみたところ、今なら富士山の麓のキャンプ場からダイヤモンド富士が見られる日程にぎりぎり重なっている。

よし、行こう。


一泊二日の支度を済ませ、車のエンジンをかけ、アクセルを踏んでゆっくりと加速していく。待ちに待った、車内のクーラーを入れなくても涼しい気候。エンジン音が静かになったら、音楽もラジオもよく聴こえた。ドライブが楽しく、いい気分でコンビニに寄り、アイスコーヒーとシュークリームを購入した。

私は長距離移動のとき、必ずといっていいほどコンビニのコーヒーを飲む。あの値段にもかかわらず、運転しながら飲むコンビニコーヒーの美味しさは計り知れない。特にファミリーマートのモカブレンドは、普通のコーヒーより少し値段は高いのだが、他のコンビニコーヒーにはない気品とオーラがあるので、見かけるたびに飲みたくなる。でも、いつも飲んでいるとありがたみが薄れてしまう。特別疲れているときか、なにかやり遂げたときだけ。今回は通常のコーヒーだ。

ところで少し前までの私は、「コンビニコーヒーが好き」と言うのは、コーヒー好きとして恥ずかしいことだと感じていて、公言してこなかった。が、サニーデイ・サービスの『コンビニのコーヒー』という曲と出合い、素朴なタイトルとは対照的に情熱的な歌詞とメロディー、ボーカル曽我部恵一《そかべけいいち》さんの歌唱があまりにも格好良くて、自信を持って「コンビニコーヒーが好き！」と言えるようになった。

富士山の麓のキャンプ場に到着すると、多くの人たちが集まっていた。みんな、外で過ごすのが気持ち良い季節を待ち望んでいたのだろう。私はひとり人混みを避けて、端っこの「いつものところ」に車を停める。

肝心の富士山は、たくさんの人に見つめられて恥ずかしそうに雲の後ろに隠れていた。きっと、まだ雪化粧していないすっぴんの状態だろう。そんな富士山も可愛いらしい。

夕飯を作り始める。お弁当箱型炊飯器でご飯を炊きながら、レッツクッキング。

**【サバトマトサツマイモカレー】**

◎材料（一食分）

玉ねぎ（中）…半個

トマト缶…一缶

サバ缶…一缶

サツマイモ（中）…半本

（細かく切ってレンジでチンして持ってくる）

オリーブオイル…適量

塩、カレー粉…適量

◎作り方
①玉ねぎをみじん切りにする
②玉ねぎをオリーブオイルで
　色が変わるまで炒める
③カレー粉を入れ、トマト缶と
　サバ缶を入れ、サツマイモも入れる
④十分ほど煮込んだら、
　塩とカレー粉で味を微調整して完成

このカレーは、小さめのフライパンでひとりで食べ切れる量だけ作れるのがいい。しかも工程もシンプルで、お気に入りのレシピだ。盛りつけは少しこだわる。カップいっぱいにご飯を詰め、お皿の中心にどん！　とのせる。これは富士山のつもり。そしてその周りにカレーをぐるりと流し込む。ミニトマトやパセリをさらに盛りつければ彩りも良くなり、食欲が増す。

ホクホクのサツマイモがカレーに溶け込んで、優しい甘さのカレーになった。お店の味には敵わないが、なかなか上出来だと思う。冷めないうちにカレーを胃袋に流し込んだ。

夜の富士山麓は気温が一気に下がる。寒い夜のカレーはいっそう美味しい。

食後は、無印良品のアップルシナモンラテで口直し。季節限定の人気商品で、毎年欠かさず買っている。粉を溶かすだけのホットドリンクなのだが、私にとっては定番の秋の味だ。強い甘みの中に混じるシナモンの少しの辛みに、なんだか赤い紅葉のような奥ゆかしさを感じる。今年も私の口の中が秋の味に染まった。

明日の朝が楽しみになる。このキャンプ場から見える朝の富士山は、アイドルのように可愛いのだ。しかも今回はダイヤモンドつき！早寝早起きを決め、夕飯の後片づけをして早々と布団に入った。

午前五時半頃、日の出より先に目を覚ますことに成功。車から出ると、富士山と日の出のコラボレーションを楽しみにしている人々がたくさんいた。みんな静かに立っている。

しばらく経って、ついにそのときを迎えた。私の位置からは、山頂より少し右寄りにダイヤモンドがあった。これはこれでおしゃれに見えた。

日の出そのものももちろん良いけれど、同じ場所にいる人たちと同じ景色を見ている独特の空気感は、まるで、映画を映画館で観ているみたい。

心が動く瞬間を、みんなで同時に味わえるっていいな。


富士山は、同じ場所で見ていてもいつも違う顔。だから何度見ても飽きない。静岡県に住んでいると、道路を走っているだけでも大抵どこかに富士山が見える。しかし、雪化粧をした富士山はとびきり可愛いので、できるだけ近くまで行って「今年も可愛いね」と褒めちぎりたい。

富士山は私にとって永遠のアイドルだ。まだすっぴんの十月の富士山に「また会いにくるからね」と伝え、私は帰路についた。

## 「おはよう」

私は極度の人見知りで、初対面の人との会話のキャッチボールがうまくできない。相手の気持ちを気にしすぎて、「今この人に話しかけたら迷惑なのではないか？」「下手な発言をして嫌われてしまったらどうしよう？」みたいなことばかり考えてしまう。

ただ、インターネット上だと少しばかり強気になれる。「リアルに関わるわけではないし、別に嫌われても良い」と思っているからだろうか。だからYouTubeやInstagramを見て、この人のセンス好きだなと思ったら、躊躇《ためら》いなくコメントを残す。私自身、ＳＮＳでもらう好意的なコメントはいつだって嬉しいし、嫌な気持ちになることなんてないからだ。

そんな私が、インターネットでつながった大切な人たちと旅をした話をさせていただきたい。ひとりで自由にのんびり旅するのが好きな私にとって稀有な、ひとりじゃない旅の記憶だ。

テレビ番組や映画を観ていると、釣った魚をそのまま調理して食べるシーンがよく出てくる。画面の向こうでは、みんな美味しそうにさばきたてのお刺身やアツアツの天ぷらを頬張っている。私もいつか真似をするんだ！　と意気込んでいたものの、いざキャンプを始めてみると、魚を釣る暇なんてまるでないし、釣った魚を調理する技術もない。

そもそも釣りは未経験。なにから始めればいいのかさえ、わからない。これはもう経験者に頼るしかなさそうだ。

十月上旬、徐々に秋めいてきているが、日中は少し暑い日が続いていた。そんなとき、「一緒に釣りに行きませんか？」とお誘いのメッセージがきた。

メッセージの送り主は、あかねさん。はやとくんという彼氏さんと、改造した軽バンで車中泊しながら日本一周をしている。二人の丁寧な車中泊の様子は、「軽バン生活」というYouTubeチャンネルで見られる。私も彼女たちの動画を参考に、旅程を考えたり、車のDIYを行ったりしている。あかねさんとは、SNS上でときどき連絡を取り合っている仲だ。二人は静岡県を通ったとき、私が住んでいる古民家までわざわざ泊まりに来てくれた。

誰かを誘うことが下手くそな私にとって、知り合いからの遊びのお誘いほど舞い上がってしまうことはない。こんな私と一緒に、人生における貴重な時間を過ごそうと思ってくれている……。それだけで泣きそうだ。

しかも釣り！　いつかやってみたいと思っていた、あの釣りである。私はとびきり喜んで、「こんな私で良ければぜひお願いします」とすぐに返事をした。

場所は山梨県の西湖。朝六時に現地集合することになった。私は西湖の近くにある道の駅で一泊した。

ボートを二隻借りて、三人でワカサギ釣り大会を始めた。私はあかねさんと同じボートに乗って釣りをすることになった。それにしてもこの二人は、私が人見知りする隙を与えてくれない。私の性格をしっかり把握してくれているのか、ゆったりとしたペースで話しかけてくれる。会話のない静かな時間も苦にならない。こういう人に、私はなりたい。

ボートを漕いで、湖の中央まで来た。湖の上に、あかねさんと私はプカプカと浮かんでいる。それだけで楽しい。
あかねさんは、旅先で何度か釣りを経験しているとのこと。「もりこさんに、釣りを好きになってもらいたいからな～」と言いながら、慣れた手つきで私の釣竿に餌をつけてくれた。な

んて優しいのだろうか。ちなみに餌は、うねうねした小さいピンク色の生き物。少しは覚悟していたつもりではあったものの、いざ目の前にするとやはり気持ちが悪い。

小さめの竿に数匹のうねうね虫を取りつけ、湖にポトンと落とした。しばらくすると、ピクッピクッと釣竿が動き始める。まさかと思いながら引き上げると、なんと三匹のワカサギが針に引っかかっていた。手のひらくらいの大きさで、キラキラしている。あかねさんは「すごいやん！」と、全力で褒めてくれた。気を良くした私は、自分の手でうねうね虫を針につけ、次々に湖へ放っていった。

はやとくんはというと、より大物を狙って、私たちから遠く離れたところでひとり、黙々と釣りをしている。二人の「ちぐはぐだけどなんか同じ」なところが魅力的に感じられ、私はますますこのカップルが好きになった。

一緒に釣りをしながら、あかねさんはふんわりとした口調で、旅の悩みやこの先の目標などお話ししてくれた。大きな出来事はなく、あかねさんとただ湖に浮かびながら、ダラダラとお互いの話をした。

ボートの居心地が良すぎて、すっかり時間の流れを忘れてしまった。はやとくんは、狙っていた大物が釣れずに悔しそうにしている。可愛いなあ。
お昼ごはん休憩を挟み、夕方まで釣り大会は続いた。三人で合わせて五〇匹くらいのワカサギが釣れた。

その夜、釣ったワカサギを天ぷらにした。五〇匹も釣ったのに、調理されたワカサギはチャーハン一杯分のような見た目。数時間前まで目の前の湖で元気に生きていたワカサギたちだと思うと、なんだか切ない。私は自然の恵みに感謝し、一匹一匹大事にいただいた。想像の何倍も美味しかった。
翌日、早朝六時の西湖は霧が深く幻想的で、昼間の湖とはまったく別物だった。この時間からすでに釣りをしている人たちもいる。

霧の中にうっすらと見える釣り人の影が、海外映画の演出のようだ。この景色、あかねさんたちにも見てもらいたい。私は二人が寝ている車に向かって「起きろ〜」と念を送った。しかし、二人が車の中から出てくる気配はなく、そのまま辺りは明るくなってしまった。九時頃、やっと二人の車のバックドアがパカッと開き、まだ眠たそうな、くしゃっとした顔のあかねさんが「おはよう」と声を掛けてくれた。頭の中で、昔から大好きなアニメのオープニング曲、Kenoの『おはよう』のギターのリフレインが流れ始める。

朝の挨拶って好きだ。「なにを話そう」とか考えなくても、挨拶だけでじゅうぶんな感じ。これから良い一日を過ごしましょうね。挨拶してくれてありがとう。そんな気持ちを込めて、私も「おはよう」と返した。

スムーズに撤収をして西湖を後にし、私のおすすめスポットである精進湖へ寄り道した。西湖からは車で十分ほど。ここでは富士山と車の素敵なツーショットが撮れるのだ。

あかねさんとはやとくんは昨日から、富士山をバックに写真を撮りたがっていた。しかし残念ながら、西湖からは富士山が見えなかった。ただ、秋の富士山は気分屋なのだ。まったく見えなかったと思えば、一時間後にはバッチリ見えたりもする。

私たちが精進湖に到着すると、ちょうど富士山がよく見えるタイミングだった！　今日は富士山撮影大会。あかねさんと私のツーショット写真を、はやとくんに撮ってもらった。嬉しい。

たくさんの写真を撮って、二人とお別れ。なのだが、また会う機会がある気がするし、SNSで常につながっているので寂しさはなかった。「じゃあ、またね」と大きく手を振って、去っていく二人の軽バンを見届けた。

# 冬

澄んだ空気が
心地良い

## ☆冬時間

数年前まで、私は冬が大嫌いだった。

いや、大嫌いは少し大袈裟かもしれない。年末年始の、独特の高揚感からの寂しさは好きだから。でも小さい頃から冷え性で、冬になると足先や手のひらがキンキンに冷えてしまう私にとって、冬の寒さはどちらかというと敵だった。

冬は、秋にはあんなに美しかった木々の葉はほとんど散ってしまっていて、生き物たちもお休みモード。私の住む静岡県は雪も滅多に降らないため、冬の風景にはどこかもの悲しさを感じていた。

そんな風に、冬について一方的に「あまり好きではない」と考えていた私だったが、外でひとり時間を楽しんだり、季節を堪能したりする技を習得し、ふと思いついた。冬にもなにか良いところがあるはずだと。

　仕事が休みの冬のある日、キャンプ場に行ってみることにした。

　私の冬時間は、朝が六時から十時くらいまで。昼が十一時から十四時くらいまで、夕方が十五時から十七時くらいまで、十八時以降は真夜中。他の季節に比べて、明らかに朝と夜の時間が長い。

　冬時間のいちばんの利点は、日の出を見やすいことだ。夏場は午前四時に起きないと見られない日の出が、冬なら朝六時半に起きれば見られる。


　冬キャンプの朝、私は車の中で、羽毛布団にぬくぬくとくるまっていた。徐々に外が明るくなっていく気配を感じ、自然と目が覚めた。車のカーテンを開けてみると、空がうっすらとピンク色に染まっている。山の後ろから、だんだん明るさが増してきていた。

「日の出だ！」

　正直、もともと日の出なんてあまり興味がなく、お正月の特番で見られればじゅうぶんだと思っていた。しかし、いざ目の前に太陽が現れようとしていると、まるでオーロラのように、とてつもなく珍しい現象のように感じてしまった。

毎日起こっていることなのに。


家に友人が遊びにくるのをそわそわしながら待っているときのように、私は身支度をそそくさと済ませ、外に出て、車のバックドアを開け、椅子とテーブルを設置し、カメラも三脚に設置した。

寒かったので焚き火をしながら空をじっと眺めていると、空はピンク色からオレンジ色に変わり、それがキラキラしながら白に近づいていった。

こんなに夢中になって空を眺めるのは初めてかもしれない。あまりにも美しくて、このまま陽が出なければ良いのにと思った。

ついに太陽がひょこっと顔を出した。まぶしい。あまりの神々しさに、しばらくポカーンと口が開いたまま、動くことさえできなかった。出てくるまではじれったかったのに、いざ顔が出てきたら、あっという間に「朝」になっていた。

写真は残念ながら、逆光でまったくうまく撮れなかった。次回までに、日の出の撮り方を調べておかないと。

冬の良いところはここからだ。この時点で午前七時半。春や夏だったらすでに暑くなりだしている時刻で、外でゆっくりくつろぐ余裕もないまま、朝ごはんをさっと済ませ、片づけを意識し始めなければいけない。しかし冬の七時半は、まだまだ早朝の空気なのだ。寒いことは寒いが、焚き火で暖は取れる。外に出て椅子に座り、ずっと読むのを後回しにしていた本を読みながら、早朝から朝、朝から昼への風景の移り変わりをゆっくりと感じ取ることができる。

例えば真冬の休日、家で目が覚めるとする。羽毛布団からなかなか抜け出すことができずに、ゴロゴロしながら枕元に置いていたスマホでネットサーフィンをして、やっと起きたかと思えば溜まっていた洗濯物、洗い物を済ますことで精一杯だ。それが思い切って外に出てみたら、仕事のことも家事のことも全部も忘れて、日の出を見て、コーヒーを飲みながら、なんと読書をしている。

こんな冬の朝を想像したことはなかった。キャンプ場のチェックアウトは十四時。私は予備で持ってきていたカレーヌードルをお昼に食べ、時間いっぱいまでのんびり過ごした。

冬の夜も良い。空気の澄んだ、晴れた日が多いから。

空を見上げると、キラキラと全力で輝いている星たちを、肉眼で見ることができる。星座アプリを開いて、星の名前を確認するのがおもしろい。そこまではしないという方も、北斗七星とカシオペア座は見つけやすい星座なので、この二つを覚えておくだけでも、なんだか星空博士の気分になれるのでおすすめ。

空を見ている時間が長いからか、キャンプ場では高確率で流れ星に出合える。寒い冬に健気にピカピカ光る星たちはとても可愛らしい。一つ一つの星が震えているように見える。

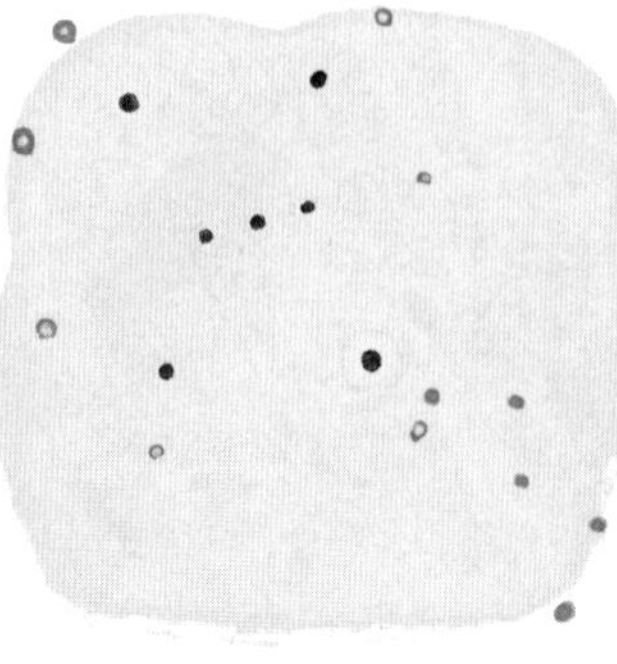

このときのキャンプ場は一泊三千円だった。三千円でこんなに素晴らしい非日常を味わえるのなら、場所を変えて、色々な場所の冬時間を感じてみたいと思うようになった。

雪の朝。ダム湖の朝。山梨の高台の朝。九州の朝。今では、毎年冬になると長距離の旅に出ている。やはりどの場所もまったく違った空気、景色、匂いがする。

長い間、悪口ばかり言ってごめんなさい。冬が大好きです。

# ♡氷点下の世界

滅多に雪の降らない静岡県でも、場所によっては、冬の早朝は氷点下となることが多い。

氷点下という言葉に対して、「なにもかも凍ってしまう」「身体中が冷たくなるほど寒い」のようなネガティブなイメージはないだろうか。かつての私はそうだった。しかし寒い季節の空気は澄んでいるから、遠く離れた山々や街まではっきりと見渡せるのが嬉しい。

また、実は冬は気候が安定している。防寒さえしっかりしていれば外にいてもまったく苦にならず、むしろ気持ち良い。冬のアウトドアは、春夏秋冬の中で最も素晴らしいといえるかもしれない。

年末年始の色々なイベントが終わって、日常のペースが取り戻されてきた頃。真冬の空気を味わいたくなった。富士山は雪化粧をしていて、一年のうちでいちばんおしゃれを楽しんでいる季節だ。
　ということで私は、富士山の見えるキャンプ場へ出かけることにした。

　夜から朝にかけては氷点下になるだろうから、寒さ対策は万全でなければいけない。服装は、ユニクロの極暖ヒートテック。冬場に外で長時間過ごすときは、いつでも迷わず極暖を選ぶ。そこにお気に入りのバンドのパーカーやシャツを重ね、さらにその上からフリースジャケットやカーディガンを身につける。下半身にも極暖のタイツをはき、動きやすいもこもこズボンを重ねる。
　首元にはモンベルのネックウォーマー。靴下はユニクロのヒートテックソックス。靴は保温性に優れた防水ブーツ。冬の防寒着はどれももこもこふわふわ可愛くて、肌触りもな

んともいえない。冬にしか着られないのが残念だなと思うくらい、冬の衣類を気に入っている。

手袋は、指先が露出するタイプのもの。運転、料理、スマートフォンなど、手袋を装着したまま作業できるのが良い。指先が塞がっている普通の手袋は、一日に何度も着脱しなければならない。普通の手袋しか持っていなかった頃の私は、手袋を何度もなくしていた。それが、このタイプの手袋にしたら以前より紛失しにくくなった。それでも、ときどきなくすのだが。

そして私が冬場に身につけることができるアイテムで、いちばん好きなのがニット帽だ。ニット帽は暖かい。それから、髪型のセットが苦手な私にとって、かぶるだけで髪のことが気にならなくなるのもありがたい。さらに、自分で言うのもおこがましいが、私はニット帽がよく似合う（と思っている）。アウトドアに限らず、冬場の外出時に私はいつもニット帽を被っている。

そこまで着込んでも寒いときのために、カイロとウルトラライトダウンも持っていく。ウルトラライトダウンを、私はオールシーズン使っている。外で過ごしていると、予想外の寒さに遭遇することは、季節を問わず頻繁に起きる。コンパクトで軽くて、羽織ってしまえば確実に寒さを凌げるウルトラライトダウンは、持っていかないと不安になってしまうくらい、私にとって重要な旅アイテムだ。

夕方、キャンプ場に到着すると紅富士が出迎えてくれた。夕焼けで富士山が紅く染まる時間は、ほんの十分ほど。美しい色の富士山をじっと見つめていると、ほどなくして陽が沈み始め、あっという間に夜になる。

少し身体が冷えてきたところで、お湯を沸かし、ホットマシュマロココアを作る。温かいココアにマシュマロを落とすだけなのだが、一口飲むと口の中いっぱいに甘さが広がり、そして身体が内側から温まって、なんだかホッとする。寒さの中で甘いココアを飲むと、「生きている！」と目が覚めるような感覚になり、その感覚に病みつきになる。寒い冬のココアは、私のスペシャルドリンクだ。

甘いエネルギーに満ち溢れた私は、夕飯を作り始める。

私にとって、冬のアウトドアごはんの定番はポトフだ。材料は、ジャガイモ、玉ねぎ、キャベツ、トマト、ソーセージ。味つけは、適量のコンソメとコショウだけ。

本や動画を頼りに、これまで色々な作り方を試してきたが、最終的にかなりシンプルな工程に落ち着いた。まず、くし切りにした玉ねぎをオリーブオイルで炒め、そこにジャガイモ、キャベツ、お水、コンソメ、ソーセージを入れる。そして、材料に火が通るまで煮る。トマトだけは後で入れる。トマトが温まったら、最後にコショウを加えて完成。トマトの酸味と、コンソメの甘みのバランスが絶妙だ。

寒いときは、味の濃さが身体中に染みる。身体がポカポカしてきた一方で、気温はどんどん下がり、気づけば手元の温度計は零度になっていた。

冬の夜は、富士山と星が綺麗に見える。艶やかな夜の富士山を眺めながら、湯たんぽを準備する。もう何年も愛用している、金属製の湯たんぽだ。家でも使っているもので、中の水は入れっぱなし。蓋を開けてカセットコンロかＩＨコンロで温め、しっかりと温まったら蓋を閉め、専用の袋に入れる。

冬場の睡眠は、寝袋ではなく羽毛布団を使う。車中泊専用ではなく、家で使っているものを持ってくるのだ。湯たんぽの準備が整ったら、そそくさと車の中に入り、湯たんぽを抱えたまま羽毛布団を身体に巻く。

もうこの状態から動きたくなくなる。映画を観て、眠くなってきたところで、そのまま横になる。羽毛布団と湯たんぽの効果は絶大で、ポカポカ状態はこのまま朝まで保たれる。

もうここから出たくないと思っていたのだが、トイレに行きたくて、どっこいしょと起き上がった。早朝五時半。まだ暗い。外に出ると、キーンとした空気で一気に目が覚めた。温度計は氷点下五度を指している。

寒いけれど服を着込むのが面倒で、ユニクロのフリースブランケットを羽織って車を降りた。ブランケットをマントのように翻しながらトイレまで往復。辺りは少しずつ薄明るくなっていく。コーヒーを淹れたり本を読んだり、日の出前の富士山を眺めたりしながら、この季節ならではの朝を過ごすのが好きだ。


防寒着、ココアにポトフ、湯たんぽ、美しい景色……。冬の旅の醍醐味を挙げればキリがないが、寒い季節の温泉も、数え忘れてはいけない。

冷え切った身体を熱いお風呂で一気に温めると、「ああ、私はこの一瞬の幸せのために寒さを乗り越えてきたのだ！」「お風呂って素晴らしい！」と、大袈裟にお湯に感謝してしまう。氷点下の後の温泉は、いつも以上に温かい。

そしてその後に食べた生姜焼き定食の味が忘れられず、私はまた冬の野外に赴くのだった。

# ❄憧れの雪

静岡県は、雪なし県だ。小学三年生の冬、私の住む地域に雪が積もった。朝起きて、外を見ると一面真っ白。大興奮で学校へ向かった。初めて見る、雪が積もった校庭。友達と雪だるまを作ったり、雪合戦をしたりしていたら、いつの間にか一日が終わっていた。授業はすべて中止だった。

その日以来、私の暮らしている地域に雪は積もっていない。パラパラと風花が舞うだけでも「わあ、雪だ！」と大事件になるくらい。ここには雪は積もらない。

私にとって、雪景色は憧れの景色だった。映画で観るような白銀の世界に憧れて、私は雪のある場所への旅を決めた。

私が選んだのは岐阜県のキャンプ場。高速道路から降りてすぐの場所らしい。管理人さんに念のため問い合わせてみたところ、「車で乗り入れられるようにキャンプ場内を整備しているので大丈夫ですよ。高速道路も雪は除けてあるから走りやすいと思います」と心強い返事が返ってきた。管理人さんも親切だし、雪初心者の私にはこれ以上ない環境だと思った。

私なりに雪の中でのキャンプについて調べてみたところ、雪かき用のスコップは必須のようだったので、ありとあらゆるホームセンターに行って、スコップ探しをした。さすが雪なし県。イメージどおりの雪かき用スコップなどどこを探しても見つからず、結局、土を耕すための金属製の重量感のあるスコップを購入した。

当日、いくら整備された道路とはいえ、できるだけゆっくり走りたくて早い時間に出発した。心配していた天気は晴れ。もし吹雪いてしまうようなら、今回は縁がなかったということで諦めるつもりだったので、天気が味方についてくれたような気がして嬉しかった。

高速道路をひたすらに走る。休憩を挟みつつ愛知県を抜け、岐阜県に入ると急に「雪国」ならではのツンと張り詰めた香りがした。私はこの匂いが大好きだ。土と植物と雪が混ざり合っているような。まるで「普段はコーヒーを飲むけれど、今日はカフェオレを飲む」みたいな、ちょっとした特別感がある。

車の窓から見える景色のうちの雪の面積はどんどん広がっていき、ついには完全に、雪国の景色に変わった。木々にしっかりと雪が積もっている。たいへんありがたいことに、高速道路は除雪されていて、とても走りやすかった。

高速道路を降りて車で走ること約五分。私は無事にキャンプ場に到着した。

受付で管理人さんが優しく迎えてくれた。いかにも雪国でキャンプ場を営業している雰囲気の、まるでハリソン・フォードのようなワイルドな管理人さん。私にとって雪国は、なにがあるかわからない未知の場所だが、なにが起きても守ってくれそうな管理人さんで安心した。管理人さんがぼそっと「今日は初めて外国からもお客さんが来るんだよねぇ」と呟いていた。「真冬の岐阜のキャンプ場にわざわざ外国から来るなんて、よっぽどキャンプが好きなんだな」と感心しながら受付を後にした。

本日泊まる場所を決める。迷った結果、いちばん手前の、管理棟に近いサイトにした。雪の中、森の奥まで進むのが少し怖かったのだ。車を降りて、いつもみたいにバックドアを開け、椅子を出す。座ってみると、私の視界は真っ白になった。

スキー場には行ったことがある。でも、そうした人工的に作られた環境とはまるで違う。雪というと人によっては、冷たかったり危険だったり、マイナスなイメージもあるかもしれない。しかし私の前に広がる雪景色には、冷たくなった身体も心もふんわりと包み込んでくれるような優しさがあった。

真っ白な世界を見ていたら、小学生の頃に校庭に積もった雪で遊んだ記憶が一気に蘇り、私の心はすっかり童心に返ってしまった。せっかく出した椅子から立ち上がり、時間を忘れて、持参した軍手をびしょびしょにして、雪だるまやミニかまくらを作った。ホームセンターで購入した畑用のスコップは、思いのほか役立った。

陽が暮れ始め、慌ててランタンに明かりを灯した。ミニかまくらの中にオイルランタンを置くと、雪に反射していっそう明るくなるとともに、ランタンがいつにも増して生き生きとしているように見えた。私は「可愛いね〜」とランタンを褒めまくった。

ストーブに火をつけて、暖を取りながら本日の夕飯。豆乳しゃぶしゃぶを作る。煎餅を一回り大きくしたくらいのサイズの小さな鍋で、キャベツやえのきのようなお馴染みの野菜をぐつぐつと煮込み、大好物のトマトを入れて、薄切りの豚肉をしゃぶしゃぶしながらゆっくりと味わった。寒い環境で食べるごはんは、なんだか味が濃く、全身をじんわり温めてくれた。

# アメリカ人、マヴ

夕飯をゆっくり食べていると急に、見るからに「海外から来ました」といった雰囲気の若い男性から「アー・ユー・ユーチューバー？」と声を掛けられた。受付で「海外からお客さんが来る」という話を聞いてから、なんとなく声を掛けられるような気がしていた。

街を歩いていてもよく外国人から声を掛けられる。ちなみに英語は得意ではないが、洋画が好きなので、聞き取るだけならなんとなくわかるレベルである。

私はびっくりしつつも、動画を撮影していたことは事実だったので「うーん、まぁ、イエス」と恐る恐る答えた。すると彼は「アイム・ユーチューバー」と言う。スマートフォンで自分のチャンネルを見せてくれた。彼は「Mav」といい、二五〇万人以上のフォロワーを持つ人気者のようだった。「マイ・ネーム・イズ・マーヴェリック」

と、誰もが聞き取れるようなはっきりとした発音で名前を教えてくれた。

「ん？　マーヴェリック……？？？」そのときの私は、映画館で『トップガン マーヴェリック』を観たばかりだった。世界でいちばん格好良いと思っている名前を実際に持つ人を目の前に、興奮のあまり「ええ！　ユー・アー・トム・クルーズ！」と変な返しをしてしまった。自分が人見知りだということなど、すっかり忘れていた。マーヴェリックという名前の人に悪い人はいないだろうと、彼を信頼してしまっていた。


マヴは私の車をすこぶる珍しそうに「ソー・キュート！」と褒めてくれた。車を撮影しても良いか聞かれたので、私は「オーケー」と答えた。

日本でキャンピングカーをレンタルし、マヴは一カ月間、ひとりで旅をして

いるという。本当にトム・クルーズのようなことをしていた。日本のカルチャーが昔から好きなようで、幼少期に見てきたアニメが私とほとんど同じ。まるで日本人と会話しているかのようだった。スマートフォンの翻訳機能を駆使しながら会話した後、マヴは自分のサイトへ戻っていった。なんだか不思議な時間だった。

朝、目が覚めて車の外を見ると、車の窓は凍っていた。雪の積もった森に散歩に出た。ツーンと張り詰めた冷たい空気の中、滑らないように気をつけながらゆっくり進んでいく。雪の朝はいっそう静かで、つららが解けて地面に打ちつける音がよく聴こえてきた。

マヴのサイトにはもう車はなく、すでに出発したようである。最後に挨拶することができなかったのを寂しく感じたが、YouTubeの動画を見れば、彼の日本の旅を見守れる。

朝ごはんはコーヒーとインスタントお汁粉にした。甘いお汁粉を味わっていると、晴れているのに雪が降り始めた。まるで映画のワンシーンのよう。ふわふわと舞う雪をうっとり眺めた。

チェックアウトぎりぎりまで雪景色を楽しんだ後、サイトから出やすいように、スコップで積もっている雪を除けていった。そんなに大量の雪を動かしたわけではないのに、ものすごい疲労感。雪国で暮らしている人たちは、この作業を毎日やっているのかと思うと、雪なし県在住の私はずいぶん楽な暮らしをしている。

昨日作った雪だるまに別れを告げ、キャンプ場を後にした。近くにあった温泉に向かい、雪見風呂を満喫。温泉の食堂でお昼も済ませ、のんびりと帰路についた。


二日間というのが信じられないくらい、濃い雪の旅ができた。初めて見たもの、体験したこと。初めて尽くしで帰り道は幸せな気持ちでいっぱいだった。マヴも日本の雪景色を見て、幸せな気持ちになっているといいな。

車で数時間走るだけで、こんなにもいつもと違う世界に来れるなんて、日本って素敵。もっといろんな国に出かけたくなった。

# 無計画な九州旅

　どうしても会いたい女の子がいた。その子のことを知ったきっかけはＳＮＳ。彼女が撮影する写真のセンス、車のＤＩＹや使っているアイテム選び、どれも私の好みのものだった。ＳＮＳでのメッセージのやり取りを続けながら、いつか会うことになるだろうと勝手に思っていた。ただし彼女が住んでいるのは大分県。静岡県からは遠く離れた場所だ。

　当時、仕事を辞めたばかりだった私は「次の仕事を始める前に、今しかできないことをやらなければならない。すぐにやらないと絶対に後悔する」と直感的に思い、真っ先に彼女のＳＮＳに「大分県まで会いに行くので、都合の良い日を教えてください」とメッセージを送った。

雪が降り始める直前である十二月上旬に、大分県で、彼女と一緒にキャンプをすることになった。決めてしまったら、もう後戻りできない。大分県までの距離を調べてみると、目的地であるキャンプ場までは高速道路を使って片道十一時間、約一〇〇〇キロメートルもあるらしい。そのときの私にとっては、時間も距離も未知の領域だった。

静岡から大分まで向かう方法は、私の思いつく限り四つあった。①静岡空港から熊本空港まで飛行機で行く。②新幹線。③神戸港から大分港まで出ているフェリーに車ごと乗せて移動する。④高速道路を車で駆け抜ける。

私はどうしても車で行きたかった。一生懸命ＤＩＹして、車中泊仕様にしたこの車を、この旅で活かしたい。となると③か④のどちらかになる。③であれば、船で移動しながら眠れるし、車を運転する距離も少なくすることができる。ただし、フェリーは一日に出る本数が限りなく少なく、また値段も高い。好きな時間に出発して、自分のペースで休憩しながら旅をしたい私にとっては、デメリットのほうが多かった。迷った結果、自分のペースで旅できる④の方法で大分まで行くことにした。初めてなので、旅の期間は一週間にしておこう。

いよいよ出発の日、私は持っているポータブル電源をフル充電にして、一週間分の着替えを持ち、また疲れたときにすぐに横になれるように車の後ろには布団を敷いて、まるでベッドが常に横にあるような状態で旅に出た。無事に大分まで行き着くことばかり考えすぎて、それ以外のことは無計画の旅だ。

ガソリンを満タンにして、高速道路に乗った。私の車には、クルーズコントロール機能といって、設定したスピードで走り続けてくれる機能がついているらしい。試しに使ってみることにした。「うおおお、動く動く!」アクセルペダルを踏まなくても、自動的に車は進んでいく。私はハンドルを握っているだけだ。それから、車線維持システムという機能もついており、なんと車線の真ん中を走れる

ように ハンドルが勝手に動いてくれる。もちろん私自身も注意は払うのだが、ひとりきりでなくエヌバンも一緒に運転してくれているという安心感は、長旅の大きな支えになった。

小まめにサービスエリアで休憩を取りながら走り続け、驚くほどスムーズに中国地方まで来た。運転席から五秒でベッドに行ける環境を整えておいたことで、仮眠を取りやすく、常に元気な状態を保つことができた。

高速道路を走っているだけでは、正直、旅している実感はあまりない。岡山県や広島県に行ってみたい。でも目的地はまだ先。寄り道したい気持ちをぐっと堪えて、山口県のサービスエリアで車中泊した。

翌朝、無事に大分県別府市に到着。道中、雨が降ったり、雨が上がって綺麗な夕焼けが見えたりして、空の変化を存分に楽しんだ。

まるで一本の映画を観たような、ドラマティックな長距離ドライブだった。

かかった高速道路の料金は約一万円。ガソリンはサービスエリアで二回入れて、こちらも約一万円だった。軽自動車ということもあるが、宿を背負って移動していると考えると、けっこうお得な料金ではないだろうか。

別府に到着してすぐ、温泉へ向かう。さすが有名な温泉地。至るところからモクモクと湯気が上がっている。温泉の数が多くてものすごく迷ったのだが、結局キャンプ場からいちばん近くにあった温泉で休憩することにした。露天風呂もサウナもあるというのに、入浴料金三百円。近くに住んでいたら、毎日通いたくなってしまいそうだ。私の長旅の疲れは一気に吹き飛んだ。

いよいよキャンプ場に向かい、先に到着していた彼女（以下、ナオチュさん）と合流した。約四年間、ネット上でしかやり取りしたことがなく、実際に会うのは今回が初めて。なのに、なんだか昔からよく知っているような友人のようで、共通の話題も多く、すぐに打ち解けることができた。

私たちがキャンプをしたのは別府市の志高《しだか》湖にあるオートキャンプ場で、湖越しには雄大な山々がそびえ立っている。その中の一つ、由布《ゆふ》岳の形は、私の大好きな富士山にそっくりで、遠い場所で知り合いに偶然会ったときのように気分が高揚した。

管理栄養士のナオチュさんは、私のためにスイートポテトやミルフィーユ鍋を準備してくれていた。普段ひとりでキャンプしてばかりの私にとって、誰かに料理を用意してもらうなんて初めてだ。しかもとても美味しい。見た目も可愛い。「もう、ナオチュさん大好き！」と心の中でシャウトして、二人でむしゃむしゃと平らげた。

この日は風が強く、気温も低かった。しかし初対面の私たちは、焚き火をしながらお互いの好きなことについて、時間を忘れて語らった。

旅三日目の朝、ナオチュさんはおすすめのキャンプ場や道の駅、絶景スポット、ごはん屋さんなどを詳しく教えてくれた。

SNSでもつながっているし、なんとなくまたすぐ会えるような気がしたので、あまり寂しさを感じることなくお別れをした。

そこから私は、熊本県の阿蘇まで向かうことに。予定してはいなかったのだが、ナオチュさんが「ここまで来たら絶対に行くべき」と熱弁してくれたから。

別府から車で一時間ほど走り、長者原《ちょうじゃばる》という撮影スポットでエヌバンと一緒に写真を撮り、そこからさらに四〇分ほど走って、阿蘇に到着した。思っていたより近い。

車から眺める景色は、人工物がなにもない、ひたすらまっすぐ続く道路の先に大きな山が幾重にも重なり、まるで映画で観たアメリカの景色のようで（アメリカに行ったことはないが）、目をギラギラさせていた。途中、また格安かつハイクオリティの温泉に入った。

熊本県ではテッパンのお弁当屋さん、「おべんとうのヒライ」でちくわサラダを買った。ちくわにポテトサラダをたっぷり詰めた天ぷらで、ヒライの名物らしい。唐揚げランチ（という名前のお弁当）も購入し、車内で「うまいうまい」と声に出しながら完食した。

こんなに美味しいお弁当が日常食だなんて、熊本県民はさぞかし舌が肥えているに違いない。

九州旅四日目、早起きして大観峰《だいかんぼう》に向かう。神秘的な雲海とともに、阿蘇の街並みや九重《くじゅう》連峰を眺めた。あまりに壮大な景色に、自分の存在の小ささを思い知らされた。本当に来て良かった。なんだか夢の中にいるみたいだ。

この日は大分の九重町《ここのえ》にある林間キャンプ場に泊まって、翌日は少しだけ地獄めぐりをした。そうして、あっという間に九州での最後の夕方となった。

真玉《またま》海岸で、干潮の海に映り込む夕焼けを眺めながら、旅を振り返る。無我夢中で仕事をしているときには、こんな景色が見られるなんて思いもしなかったなぁ……。

会いたい人に会いに行くことを目的とした車旅ではあったものの、生まれて初めて訪れる九州は、道の駅やリーズナブルな温泉も充実していて、想像以上に旅しやすい環境だった。今回は無計画だったことが幸いし、ナオチュさんからいただいた情報を頼りに、臨機応変に様々な場所に立ち寄れた。

なにも計画をせずに旅をするなんてテレビ番組みたいなこと、まさか自分がするなんて夢にも思わなかった。しかし車があればなんとかなってしまうものだ。九州はまだまだ広い。一週間では全然足りない。

この旅の続きをいつにしようか、次はどこへ行こうか考えながら、仕事の休憩中にナビアプリで九州を眺めている。

# 私の大切な旅道具

## 01

## コーヒーセット

スノーピークのチタンマグ300、リバーズのコーヒードリッパー&コーヒードリッパーホルダー、コーヒー豆、コンパクトコーヒーミル、ミニコーヒーポット。ジャンスポーツの巾着袋に収納して持ち運んでいる。

※アイテムはすべて私物で、仕様などは購入時のものです。

何度も何度も買い直して、このメンバーに落ち着いた。

コーヒーを飲むのも好きだけれど、外でコーヒーを淹れている時間がそれ以上に好きである。好きな時間をより豊かにするには、心から「可愛い」と思えるグッズでコーヒーを淹れたい。自分が可愛いと思えるものを身につけたりそばに置いたりすると、自己肯定感が上がる。

大好きな緑色のドリッパーをアウトドアショップで見つけたとき、心が躍った。可愛いうえに、コンパクトに持ち運べるシリコン製。私がもともと使っているスノーピークのチタンマグとも、サイズといい色味といい相性バッチリだ。

こだわりのコーヒーセットと、熱いお湯。それに春夏は氷を入れたステンレスボトル。それだけを持っていけば、火や電気を使わなくても気軽に好きな場所で「ごりごりタイム」を過ごせる（ゴミは出るので注意）。

可愛らしいデザインのコーヒードリップバッグも、つい購入してしまう。こちらはごりごりタイムを楽しむ余裕がないとき用。例えば、海を眺めながらコーヒーを飲みたいのに今にも陽が落ちてしまいそうなときとか、キャンプ場のチェックアウト前ぎりぎりにコーヒーを飲みたくなったときとか。

好みのデザインのコーヒーグッズを雑貨屋さんなどで発見しては手に取ってしまうが、「巾着に入らないものは買わない」と決めてからは我慢できるようになった。たぶん。

# 02

## 手ぬぐい

左からお茶染め手ぬぐい、大分に行ったとき、ナオチュさんがプレゼントしてくれた「ゆ」手ぬぐい、東京のカレー屋さん「カレーの店・八月」手ぬぐい。

手ぬぐいがないと、落ち着かない。不安で仕方がなくなる。旅のときに限らず、普段からそうなのだ。手ぬぐいを持たずに外出してしまった場合は、迷わず家に取りに戻る（遅刻しそうなときはさすがに諦める）。

私にとっての手ぬぐいの主な使用方法は、手を拭く、首に巻いて汗を拭う、急な雨のときの傘代わり、サウナでのタオル代わり、急に日が差してきたときの帽子代わり、意図せず水筒の麦茶をこぼしたときの布巾代わり、映画を観て泣いたときに涙を拭くなど。

手ぬぐいはタオルより嵩張らないので、何枚持っていっても荷物の量がさほど増えないのがいい。一度濡れても、しっかり絞ればすぐ乾くのもいい。

最近は手ぬぐいを使う人が増えているのか、色もデザインも幅広くなったように思う。たくさんの種類の手ぬぐいの中から、好みの生地や柄のものを探したり、気に入ったものをリピート買いしたりするのが私は好きだ。

今のお気に入りは、近所の手ぬぐい職人さんが染めている「お茶染め手ぬぐい」。肌に馴染みやすい柔らかい生地感と、お茶染め特有の淡い紫の優しい色がいい。友人へのプレゼントも含めて、これまでに十枚以上購入した。その他、カレー屋さんでいただいた手ぬぐいや、さくらももこさんデザインの手ぬぐいも気に入っている。

これからも毎日お世話になります。よろしくね。

## 03

# 撮影機材

現在使用しているFUJIFILM X-T30II。動画のほとんどをこのカメラ一台で撮影する。現在は同じモデルは生産終了。機材類はかご型ボックスにまとめて運んでいる。

中学生の頃、ミュージックビデオばかり放送するケーブルテレビのチャンネルを、学校が休みの日に一日中見ていた。ミュージックビデオは、短い時間でも一本の映画を観たような満足感を得られる。私もいつか、こんな映像を創りたい。そんな夢を描いていた。

大学では映像を学んだ。しかし友人たちがあまりに優秀で、どんなに一生懸命やっても追いつけず、私はこの仕事に就くのを諦めた。

社会人になって、ひとり旅をするようになり、美しい景色、お金をかけて購入したこだわりのグッズ、車……、旅に関わる色々がいとおしくなり、映像でないと説明できないこの溢れた感情を記録に残すため、一眼レフのカメラを購入する覚悟を決めた。自分好みの映像を撮れるカメラを、家電量販店をハシゴして調べ、そうして辿り着いたのが、現在メインで使っているミラーレス一眼カメラである。このカメラで撮影した映像には、まるでフィルム写真が動いているような、一秒一秒に物語が刻まれているような、他のカメラにはない哀愁漂う時間が流れる。

他に、手ぶれに強いスマートフォンのカメラも、お店での食事や、車の走行時の撮影（ダッシュボードに固定）などに重宝している。つい最近、新しい外付けのマイク「Comica VM20」も購入した。細かい自然の音も拾えるようになり、表現の幅が広がった。

動画編集はMacBookで、LumaFusionいうアプリを使っている。自分が主演、監督の作品を作っている気分になる。

ひとり旅を始めてから、私はまた映像制作が好きになった。

04

# タブレットと本

DIYで作ったタブレット専用の棚に設置することで、車内が「ミニシアター」に変身する。自然の中の手作りミニシアターで観る映画や本は、印象に残りやすい。

映画館で観る映画も好きだが、旅先で観る映画も好きだ。作品の記憶が、旅の思い出と一緒に残るのがいい。旅の道中で観た『漁港の肉子ちゃん』というアニメ映画は、繊細な少女の感情表現が美しく、帰宅してからもう一回観た。

一時は車内にプロジェクターとスクリーンを設置し、車内をミニシアターみたいにしていた。だが準備が面倒で、最終的に、車の壁にタブレットを立てかけるための手作りの棚を取りつけた。ここに小さいタブレットを置くだけでも、意外と没入感を味わえる。車には色々手を加えているが、この棚は特にお気に入りだ。

ただし力いっぱい車の扉を閉めると、タブレットが勢いよく落下する。すでに何回も落としており、タブレットは傷だらけである。

旅先で読む本も、またいい。私は普段あまり本を読まない。しかし家以外の場所で読むと、なぜか脳内でストーリーが映像化しやすく、読書に熱中できる。だから車には、常に本や漫画を何冊も置いている。読み溜めていた作品を一気読みするために車で遠出することもある。

今のお気に入りは、藤本タツキ先生の『さよなら絵梨』という漫画。主人公の少年が、不思議な少女「絵梨」と出会い、二人で映画を創るお話。一巻完結で、日帰りキャンプの隙間時間でピッタリ読み切れる。タツキ先生の漫画はどれも、まるで映画のようなコマ割り、画角、展開。この作品も何度も繰り返し読んでいる。

旅の楽しみ方は自由。自分のしたいことをして過ごしたい。

# 05

## カセットテープ

ビームスのスケルトンカセットテーププレイヤー。車内ではアンカーのポータブルスピーカーにつなげて、ドライブしながら音楽を楽しんでいる。

大好きな映画『PERFECT DAYS』は、主演の役所広司さんが車を運転しながらカセットテープで音楽を聴くシーンが印象的だ。そのシーンを観た私は、カセットテープが実家に大切に保管されていたことを思い出した。

映画を観て、すぐにポータブルカセットテーププレイヤーを購入し、実家のカセットコーナーを物色した。父親は隣で嬉しそうに、一本一本に対する想いを熱弁している。約二〇〇本の中から、ビートルズ、荒井由実、大瀧詠一、サザンオールスターズなどのアルバムが収録されたカセットを何本か借りた。さて、このカセットを車で再生したい。私はコンパクトなスピーカーを購入し、端子でプレイヤーとつないで車に設置した。

カセットは再生するのに手間がかかる。でも、どれを再生するか選び、プレイヤーにセットし、再生ボタンを押して……という作業を経ると、音楽をいつもより大事に聴いているみたいで多幸感に包まれる。音質は決して良いとはいえないのだが、たまにノイズがのったり音が飛んだりすると、逆にほのぼのする。

カセットの魅力にすっかり取り憑かれている私だが、現在カセットは希少で、値段も高騰している。

父親が熱心にカセットを集めていたのは四〇年以上も前。私がカセットの良さを知るまで、こうして大切に保管しておいてくれたことに、ありがとうと伝えたい（照れ臭いので、ここでひっそりと伝えてみる）。

## 06

# コーヒー豆屋さんの木箱

「ただの木箱」だったのを、DIYで天板を開閉式にして、中に車中泊セットを収納できるようにした。まったく同じものはコーヒー豆屋さんでない限り手に入りにくいかも…。

エヌバンを購入したばかりの春の日。いつものコーヒー豆屋さんに行くと、入り口に木箱が無造作に置いてあった。どこか哀愁漂うコーヒーカップの絵柄がプリントされているのが特徴的だった。値札がついており、三千円で売られているらしい。木箱を見つけた瞬間、「エヌバンに似合う」とピンときた。

お店の方に話を聞いたところ、ブラジルからコーヒー豆が送られてきたときに、豆が入っていた箱とのこと。ブラジルからはるばる旅をしてきたなんて。この木箱を連れて帰ろうと決めた。

ドライバーを使って、とりあえず天板を外してみる。さすがブラジルからコーヒー豆を運んできただけあって、丈夫な作り。収納力もありそうだ。ホームセンターで蝶番を購入し、外した天板に取りつけて、パカパカと天板が開閉できる仕様にしてみた。私だけの車載コンテナができあがった。

木箱の中には、ランタン、本、ラジオスピーカー、ＩＨクッキングプレート、折り畳みテーブル、ウォータージャグなど、旅に欠かせないアイテムを収納している。また木箱は、一般的なプラスチック製のコンテナより重量がある。つまり安定感があるため、ミニテーブルとしても重宝している。

予想どおり、木箱とエヌバンとの相性はバッチリだった。車内をＤＩＹするときには、木箱の雰囲気に合わせて使用する板や塗料を選んでいる。偶然出合った木箱は、今や私らしい旅を表現するには欠かせないアイテムになった。

07

## ポーチ付ケース

一段目にはブナ材のヘアコーム。二段目の着脱ポーチ部分は左のとおり。三段目にはコンタクトレンズの予備、耳栓、歯磨きシートが入っている。化粧品はまた別のポーチに、必要最低限のものだけ。

入浴やスキンケアに必要なものはすべて、無印良品の「吊るして使える着脱ポーチ付ケース」にまとめて収納し、車に吊るしている。

車中泊の夜は、ポーチから化粧落としシートを取り出してメイクを落とし、オールインワンジェルで保湿すれば、それだけでスキンケアが済む。朝起きて顔を洗ったら、またオールインワンジェルで保湿。外で過ごすと肌が乾燥しやすいので、小まめな保湿を心掛けている。

髪はホホバオイルだけ。クセがつきやすい髪なのだが、ホホバオイルを三滴ほど手のひらに広げ、髪につけてから軽くとかすと、わがままな私の髪もある程度まとまってくれる。ホホバオイルとヘアコームも、いつも必ずポーチに入っている。

温泉に入るときは、着脱できるポーチの部分だけを取り外して持っていく。ここまでで紹介したメイク落としシート、オールインワンジェル、ホホバオイルの他に、シャンプーとコンディショナーと洗顔クリームが入っている。すべて無印良品。ボトルがコンパクトでシンプルなのが好みだし、優しい成分のものが多いのも、敏感肌の私にはありがたい。

以前はもっと色々持ち運んでいて、それらをメッシュ素材の温泉バッグにまとめていた。でもいつの間にか、手ぬぐいと小さなポーチ一つで事足りるようになっていた。

旅の経験が増えるとともに、荷物がどんどんコンパクトになっているのが嬉しい。

# 08

## ワニくん、ポチくん

ワニくん先輩とポチくん後輩は家でも一緒に眠っている。最近はポチくんが単独で旅に出ることが多く、ワニくんは留守番が増えてしまい、少しヤキモチを妬いている。

ひとり旅が好きとはいうものの、ペットを連れている人を見ると、少し羨ましく思ってしまう。

そこで、負けじと私が旅のお供に迎えたのが、ダイソーで五百円で売られていたワニのぬいぐるみ、ワニくんだった。ワニくんとはいろんな場所に出かけたが、だんだんくたびれてきてしまった。今のお供は二代目。イケアで出合った犬のぬいぐるみ、ポチくんだ。

二匹とも、売り場に置かれていた姿があまりにも愛くるしくて、迷わず購入した。可愛いだけではない。触り心地も抜群に良い。ワニくんに至っては、枕代わりにもなってくれた。夜寝るときや、運転に疲れたとき、リラックスと癒しを求めてこの子たちと触れ合っている。

ワニくんもポチくんも、同じ景色を共有してきた大切な旅仲間だ。

冬のキャンプで、初めてポチくんと一緒に見た雪の積もった富士山。寒かったね。

枕を忘れると、ワニくんの出番。ワニくんには申し訳ないけれど、ふかふかで寝心地抜群。

09

## ラジオスピーカー

サンスイ Bluetoothスピーカー AM/FMラジオ付き（現在は生産終了）はどこか懐かしいデザインと音が魅力的。出先でラジオの電波を探すのが楽しい。残念ながら数年前に生産終了。大切に使い続けたい。

いつでも持ち出せるコンパクトなラジオが欲しくなって、何気なく探していて見つけたBluetooth機能付きのサンスイのラジオスピーカー。デザインに惹かれて購入したのだが、まるでレコードを聴いているような、哀愁漂う独特の音質の虜になった。タブレットで映画を観るときも、このスピーカーにつなげば、ノスタルジックな音で作品を楽しめる。今では大切な旅道具の一つで、どこに行くにも、コーヒー豆屋さんの木箱の中に入れて連れている。

最近ではラジオも、アプリを通してスマートフォンで気軽に聴くことができるようになった。しかし、ラジオのダイヤルを少しずつ回してジリジリと電波を拾っていると、思いがけず旅先のローカルな放送局に当たって、ほのぼのとした放送を聴けたりもする。

ラジオといえば、一度、日常的に聴いている馴染みのラジオ番組に出演する機会をいただいた。パーソナリティは鈴木愛実《すずきまなみ》さん。私生活で嫌なことがあって落ち込んでいるとき、愛実さんはいつも、明るく軽やかな声で私に話しかけてくれていた（ラジオを通して）。

声を聴いているだけでじゅうぶん幸せだったのに、まさか本人と話せるなんて、こんなチャンスは一生に一度だろう。緊張してうまく言葉が出てこなかったのだが、愛実さんは私に波長を合わせて、穏やかに進行してくれた。おかげで番組は無事に成り立った。

仕事ができて優しい愛実さんと過ごした貴重な時間は忘れられない。現在もたびたび匿名でラジオにメッセージを送っては、読まれないかとそわそわしている。

10

## ブーツとサンダル

ブーツは仕事でもプライベートでも、ほぼ毎日履いている。どんな服にも合わせやすい。

靴なんて消耗品だと思っていたので、昔は五千円以上のものは買わないようにしていた。

そんな私が初めて、それを大きく上回る金額を払って購入したのが、ブランドストーンのブーツ。新しい仕事を始めることになり、見た目がそこそこきちんとしていて、疲れにくい靴が必要になった。どうせなら仕事だけでなく旅の日にも使えるほうがいい。いろんな靴を試し履きして、このサイドゴアブーツに辿り着いた。防水仕様なのに運動靴並みの軽さ。ソールがとにかく優秀で、長時間立っていてもまったく疲れない。しかも、少し綺麗めの服にもカジュアルな服にも合う、シンプルだけど他にないデザイン。

この靴のおかげで、突然の雨で足がぐしょぐしょになることもなくなった。足元のストレスがないだけで、こんなに快適になるものなのか。靴の重要性を再確認した。

革製品なので、履いているうちにどんどん味が出てきて、ますます愛着が湧いてきた。丈夫な靴だが、とはいえ消耗品。いつか、もう一足買うことになるだろう。

ブーツとともに、着脱しやすいサンダルも旅には欠かせない。夏はモンベルのロックオンサンダル。靴下のまま履けて、足の蒸れを抑えられるのが良い。冬はスブのウィンターサンダル。温かくて、外をスリッパで歩いている感覚で使える。さすがに仕事には使えないが、旅先だけでなく日常でも重宝している。

できるだけいろんな場面で使える靴が、私は好きだ。

## 11

# ランタン

色々試したが、やはりコンパクトで持ち運びしやすい、充電式のものがいちばん使いやすい。

宿泊旅に不可欠なものといえば、やはりランタン。一つでは車内全体と手元を同時に明るくできないので複数個必要で、私は五つ持ちだ。何回もメンバーチェンジして、レギュラーを決めた。役割と魅力が各々異なり、どれも私の夜に欠かせない。

ゴールゼロの「ライトハウスマイクロフラッシュ」は、手のひらより小さいＬＥＤランタン。小型で軽量なのに驚くほど明るく、懐中電灯としても優秀だ。調理時の手元を照らすのにちょうど良い。

ゼインアーツの「ジグ」も、コンパクトなLEDランタン。白黒のシンプルなデザインと、灯りの優しさに惹かれて購入した。ジグを灯して本や漫画を読むと、うとうと心地良い眠気に誘われる。つけっぱなしで寝てしまうこともしばしば。

友人から譲り受けたベアボーンズの「エジソンペンダントライト」は、車内の天井に固定し、メインのライトとしている。クラシックな雰囲気がお気に入りだ。

「フュアーハンドランタン」はオイルランタンで、マッチで火を灯すと、ジブリ映画の登場人物みたいな気分になる。小さく揺らめく火はまるで生き物みたい。これから先何十年も使い続ける予定。

父親から譲り受けたオレンジのキューブ形のランタンも大切な一員だ。小学生の頃から使っている。スイッチが壊れて、正直もう役に立たないのだが、思い出が詰まっていてどうしても手放せない。

他に虫除けランタン、加湿器付きランタンなどもあり、季節によって使い分けている。こんなに色々あったのか。

12

## お弁当箱型炊飯器

料理が苦手な私でも、ご飯を炊いてカレー缶を開けるだけでご馳走ができる。

「出先でご飯を炊くのはこんなに大変なことなんだ！」と、キャンプを始めてから気がついた。火を使っての炊飯では、焦げついたり、火力が足りなくてご飯がベチャベチャになってしまったり、何度も失敗を繰り返した。

そんなときにSNSで見つけたのが、サンコーのお弁当箱型炊飯器。規定の分量のお米と水を入れて、スイッチオン。十五分ほど待てば、ほかほかのご飯が炊き上がる。いったいこの小さな箱の中でなにが起こっているのか不思議で仕方がない。まるでドラえもんの四次元ポケットから出てきそうなアイテムだ。

このお弁当箱の良いところは、別のお皿に盛りつけなくても、このままご飯を食べれるところ。洗い物を減らせるのは嬉しい。この炊飯器でご飯を炊いて、缶詰カレー、お茶漬け、タコライスなどをいただいてきた。ピクニック用のおむすびを作ったこともあるし、あまりものを詰めて、翌日用のお弁当箱にしたこともある。

外で調理できるとき、ちょっとお湯だけ沸かしたいときなど、バーナーや焚き火の火を使ったほうが楽な場面もある。一方、キャンプ場ではない場所にいるときや天気のよくない日の調理は、すべて車内で行う必要があり、そんなときは小型家電が大活躍する。

家電はあまり好まない、というキャンパーさんもいると思う。でも私はむしろ、「私が食べる分だけを便利に作れる」小さな家電が好きだ。どこかおもちゃみたいな見た目の「ちょこっと家電おひとり様グリル鍋」も、お気に入りの小型家電だ。

13

## ポータブル電源

左は小型家電を遠慮なく使える大容量のポータブル電源、右は予備の持ち運びしやすいポータブル電源。こちらはスマホやカメラのバッテリーの充電担当。

少々高価なので、「購入を躊躇ってしまう」という人も少なくないポータブル電源。しかし、キャンプ場でテント泊ではなく車中泊したい人、長期間の旅に出る人にとっては必需品である。あるのとないのとでは、QOLが全然違う。

私が使用しているのは二つ。まず、最大出力二〇〇〇ワットの、ドライヤーも使える大容量のもの。残念ながらまったく同じものは現在生産終了しているようなのだが、容量を気にせずに色々な小型家電を車内で使えるのは、間違いなくこの大容量ポータブル電源のおかげ。お出かけしているときに限らず、台風や大雨などの災害時にも、これがあれば精神的な負担が軽減する。

もう一台、アンカーの小型ポータブル電源も持っている。スピーカー、カメラ、ランタンなどの充電は、この子の担当。容量こそ少ないのだが、片手で簡単に持ち運べるし、明るいライトがついているのもいい。旅の夜にランタンの充電が切れてしまったとき、思いがけず暗い場所で作業することになったとき、家で急に停電になったときなど、こちらも様々な場面で重宝している。

私はアンカー製品の無骨なデザインが好みなので、モバイルバッテリー、ケーブル、カードリーダー、カセットテープ用のスピーカーなど、パソコン周辺機器のほとんどがアンカー製品だ。色々な種類の色が車内にあると目も疲れてしまう気がしており、だいたいの小物は黒か緑か、木製のもので統一するように意識している。

14

# 首振り
# ミニ扇風機

富士商の卓上ミニ扇風機。首振り機能がついている。充電式ではないため使用場所は限られるが、動きが可愛らしくてついつい眺めてしまう。

車中泊でもテント泊でも、家でも、暑さは天敵でありストレスのもとだ。そんなとき、体感的にも視覚的にも私を癒してくれるのが、こちらのミニ扇風機。機能性に優れた小型扇風機が多く発売されている中、私はこの扇風機さんの絶妙なレトロ感と、おもちゃみたいな見た目に一目惚れした。

実家で使っていた扇風機に似ているのが、なんだか好印象だったのだ。

お気に入りポイントは見た目だけではない。なんと小さいボディなのに、この子は首が振れるのだ。このサイズで首振り機能がついている扇風機は少ない。

いざ首を振らせると、まるで一生懸命首を振って風を送ろうとしている小動物のようで、見ていて本当に癒される。もちろん、涼しい風を満遍なく身体に届けてくれるのもありがたい。首振り機能のないもっと安い小型扇風機を使っていたこともあるのだが、ずっと同じ箇所に風が当たりっぱなしになるのは意外とストレスで、目や肌の乾燥も気になった。

風量は「弱」と「強」で選べる。「強」だと扇風機さんが大変そうなので、よっぽど暑い日でない限り、「弱」にしている。

夏に長野に出かけたとき、この扇風機を回して、車内で寝転びながら本を読んだ。天然クーラーのような外気と、扇風機の風と音が入り混じって、まるでおばあちゃんの家で過ごす夏休みみたいだった。しみじみと、懐かしさと心地良さを味わった。

15

## ホーローの鍋

富士ホーローのミルクパン。スモークブルーの色が車内の雰囲気にマッチしていて、置いているだけで「おうちのキッチン」感が出る。

私は料理に苦手意識がある。それでも、少しでも朗らかな気持ちで料理がしたい。だから調理器具は、できるだけデザインが可愛らしいものを探すようにしている。可愛い調理器具は、料理が好きな人たちのために売られているのではない。私のような人でも料理を楽しめるよう、誰かが企画してくれているのだ（と思っている）。

車の中で使うなら、車内の雰囲気に合う色でなければ。それから、調理後にお料理をお皿に移さず、そのまま使えるデザインが良い。車内で使っている無印良品のＩＨクッキングプレートへの対応も必須だ。

などと言っていたら選択肢は自然と狭まり、最終的に、よく行く雑貨屋さんでふと目に入った富士ホーローのミルクパンをお迎えした。片手鍋で、一〜二人分の料理にちょうどいい直径十四センチ。調理器具ではあまり見たことのない明るいくすみカラーも目を惹いた。何色かあったのだが、特にスモークブルーのものが、コーヒー豆の木箱の上に今すぐ置きたくなるような絶妙な色味で、木製の持ち手も含めて、まさに求めていた鍋そのものだった。ＩＨクッキングプレートでも使用可能と表記されている。

私は迷うことなくこの鍋を購入し、ポトフ、シチュー、野菜鍋、チキンラーメンにトマトと卵をトッピングした「トマ玉ラーメン」など、いろんなものをこれまでに調理してきた。

もし少し失敗しても、鍋が可愛いおかげで美味しそうに見えるのはありがたい。

16

## 竹製テーブル

極上の座り心地である運転席で、パソコン作業や車中ランチするときに活躍しているテーブル。この本のイラストのほとんどはこのテーブルの上で描いた。ネットショップで購入したノーブランド品だが、本当に便利。

ここまで紹介してきたアイテムの中で、最も活用度が高いのはこれだと思う。旅のときだけでなく、日常にまですっかり溶け込んでいる大切なテーブルだ。

愛車のエヌバンは、運転席の座り心地が最高に良い。まるで高級リクライニングチェアであるかのようなフィット感で、仕事終わり、家に到着してからも、ずっと座っていられる。家の駐車場で、うっかり一時間くらい動画を見たり、ラジオを聴いたり、ネットサーフィンをしたりすることはよくあるし、食事をすることもある。

そんな運転席の環境をより便利に、より快適にしてくれるのが、この竹製テーブル。運転席横のドアポケットからこのテーブルを取り出し、ハンドルに引っ掛けるだけで、あっという間に「ドライバーズカフェ」の完成だ。大好きなエヌバンの無骨な内装越しに、外の景色を眺めながら、ゆっくり好きなことができる。

このテーブルの上に、テイクアウトしてきたマクドナルドの商品を並べるだけでもわくわくする。コンビニのプリンを食べても、お弁当を広げてもいい。テーブルがあるだけで、食事の時間がぐんと快適になるし、食べこぼしで服や車を汚すのも防げる。

家でパソコン作業が捗らないとき、このテーブルの上にパソコンを置いて、運転席で作業することもしばしば。家の椅子よりも座り心地が良いし、車の中の環境は絶妙に狭いので、不思議と集中力が高くなるのだ。

本書の執筆も、このテーブルのおかげでスムーズだった。

# おわりに

学生時代、神戸を本拠地としているバンドが好きになり、青春18きっぷで静岡と神戸を頻繁に往復した。「行動力あるよね」と言ってくれていた友人たちは、褒めていたのか呆れていたのか。思えば当時から、ひとり旅の良さに気づいていたのかもしれない。

休みの日は、とりあえずひとり旅。ひとり旅は、思い立ったらゆるりと始められて気楽だ。「好き」「やりたい」「気になる」を諦めるのは嫌。私の行動範囲は、ますます広がっている。

どんな旅でも、できるだけ「私が映画や漫画の主人公だったらこうするだろうな」というイメージどおりに動くようにしている。すると現実が、本当にドラマティックで豊かな方向に進んでいく。

動画に描き切れなかった旅の記憶を、エッセイという形で残せたのは、私にとって意味のあることだったと思う。最後まで私と一緒に旅をしてくださり、ありがとうございました。

野外のもりこ

PLAY LIST

本の中に出てきた音楽をリストにしました。私のひとり旅に欠かせない、大好きな曲ばかりです。

| | |
|---|---|
| 01. さくら／ケツメイシ | 桜旅 |
| 02. サウナ好きすぎ／Cornelius | ととのう |
| 03. 染まるよ／チャットモンチー | 徳島へ一〇〇〇キロ |
| 04. 離れられないから影／はぐち | 動く |
| 05. Step Out／ホセ・ゴンザレス（映画『LIFE!』より） | 動く |
| 06. あじさい／サニーデイ・サービス | 雨の日 |
| 07. ソロキャン△のすすめ／立山秋航（アニメ『ゆるキャン△』より） | 失敗ソロキャンプ |
| 08. ひこうき雲／荒井由実 | 標高一三〇〇メートル |
| 09. 海がきこえる／永田茂（映画『海がきこえる』より） | 海辺を歩きに |
| 10. その線は水平線／くるり | 海辺を歩きに |
| 11. スタンド・バイ・ミー／ベン・E・キング（映画『スタンド・バイ・ミー』より） | オレンジ色の湖畔 |
| 12. 今日も生きたね／The Novembers | 音と暮らす |
| 13. If I Didn't Care／Jack Lawrence, The Ink Spots（映画『ショーシャンクの空に』より） | 怖がりリスナー |
| 14. コンビニのコーヒー／サニーデイ・サービス | 富士山とサツマイモカレー |
| 15. おはよう／Keno | おはよう |
| 16. I Ain't Worried／ワンリパブリック（映画『トップガン マーヴェリック』より） | アメリカ人、マヴ |
| 17. ささやかな希望、あふれ出る光／村松宗継（映画『漁港の肉子ちゃん』より） | 私の大切な旅道具 |
| 18. Perfect Day／Lou Reed（映画『PERFECT DAYS』より） | 私の大切な旅道具 |

# 巻頭の写真について

春の旅

秋の旅

夏の旅

冬の旅

［春の旅］❶植物園の中にあるキャンプ場。緑の絨毯のような「ヒメシャガ」の葉っぱ。（徳島へ一〇〇〇キロ）❷地元のキャンプ場の遅咲きの桜。キャンプ場には季節によって違った花が咲く。（緑の季節）❸川根の見晴らしの良い公園にて。タコライスを作ってひとりのお花見を満喫。（桜旅）❹ガーデングリーンのエヌバンは自然の緑色とよく馴染む。（緑の季節）❺誰もいない平日の朝のキャンプ場。ブランコでゆらゆら揺れながら目の前のお茶畑を眺めた。（緑の季節）❻午前八時の「かわね桜まつり」。豪華絢爛な桜トンネルを独占しているみたい。（桜旅）❼川と山に囲まれた近所のキャンプ場。私が「小さなひとり旅」の魅力に気づいた春の日。（片道五〇分）

[夏の旅] ❽毎年、梅雨入りすると訪れたくなるあじさい寺。(雨の日) ❾ミニ扇風機をつけて夜の読書。青い灯りは虫除けランタンで、虫をUVライトでおびき寄せて電気で退治してくれる。(ランタン/首振りミニ扇風機) ❿長野県の高原にて。静岡の熱気が嘘のように心地良く、夏なのに長袖。(標高一三〇〇メートル) ⓫大きめの傘をさして散歩するだけでいつもと違った気分を味わえる。(雨の日) ⓬海を眺めながら食べるハンバーガーはとびきり美味しい。(海辺を歩きに) ⓭思わず「君はいつからそこにいるの? 寒くないの?」と話しかけてしまった、雨に濡れたカエルの置物。(雨の日) ⓮静岡県はどこに住んでいても海までそう遠くない。映画やミュージックビデオの登場人物になりきって海辺で過ごすのが好き。(海辺を歩きに)

[秋の旅] ⓯コスモスの花が揺れる音を聴きながらドライブ。(音と暮らす) ⓰山梨県の精進湖は富士山の素敵な写真が撮れる私のおすすめスポット。あかねさんとはやとくんと富士山撮影会。(おはよう) ⓱十一月のコーヒーが一年でいちばん好きだ。乾いた空気、葉や土の匂いはコーヒー豆の香りや苦味とよく合う。(コーヒーの季節) ⓲四尾連湖の真っ赤な紅葉と、湖から見える美しい富士山。(オレンジ色の湖畔) ⓳富士山麓で作ったサツマイモカレー。ご飯は富士山の形のつもり。(富士山とサツマイモカレー) ⓴焚き火は目にも耳にも優しさと情熱を与えてくれる。(音と暮らす) ㉑大好きなラジオ番組「K-MIX GOOD-TIE!」の企画で、パーソナリティの鈴木愛実さんと行ったキャンプ。(ラジオスピーカー)

[冬の旅] ㉒静岡県は雪なし県。雪を求めて岐阜県のキャンプ場へ。(憧れの雪) ㉓富士山が特に綺麗に見えるキャンプ場にて。雪化粧をした冬の富士山は一年のうちでいちばん美しいと思う。(氷点下の世界) ㉔雲海を見るために早起きして阿蘇の大観峰へ。壮大な景色だった。(無計画な九州旅) ㉕軍手をびしょびしょにしながら作った雪だるま。(憧れの雪) ㉖冬のキャンプの朝ごはんに、コーヒーとインスタントお汁粉。(アメリカ人、マヴ) ㉗スキー場の人工的な感じとは違って、ふんわり優しさを感じる雪景色。(憧れの雪) ㉘ナオチュさんに会いに、別府市志高湖のキャンプ場へ。初対面なのに昔からよく知っている友人のようだった。(無計画な九州旅)

SPECIAL THANKS

家族/はぐち/hugcoffee/K-MIX(静岡エフエム放送)と鈴木愛実さん
GOOD TIMING TEA/あかねさんとはやとくん(軽バン生活)/Mav/ナオチュさん(@nao___chu)
さーやんさん(@___saaayan___)/YouTubeの視聴者の皆さん

## 野外のもりこ

静岡生まれ、静岡育ち。好きなことはエヌバンでのひとり旅、イラストを描くこと、映画を観ること、昔の漫画や小説を読むこと。やりたいことは映画を撮ること。ガールズバンド「はぐち」でベースを担当。

YouTube：野外のもりこ yagai_no_moriko　@yagai_no_moriko
Instagram：@yagai_no_moriko
X：@yagai_no_moriko


# 小《ちい》さな車《くるま》で、ゆるり豊《ゆた》かなひとり旅《たび》

2025年2月14日　初版発行

著　野外《やがい》のもりこ

発行者　山下 直久

発行　株式会社KADOKAWA
〒102-8177　東京都千代田区富士見2-13-3
電話　0570-002-301（ナビダイヤル）

印刷所　TOPPANクロレ株式会社

製本所　TOPPANクロレ株式会社



ISBN 978-4-04-607287-0　C0095